Comidinhas vegetarianas

Receitas saborosas para
meditar e compartilhar

Para Aninha, que gosta de desenhar,
e Bia, que brinca de cozinhar.

Comidinhas vegetarianas

Receitas saborosas para meditar e compartilhar

Criação de pratos e ilustrações: Rita Taraborelli
Fotos: Romulo Fialdini

PUBLIFOLHA

Coordenação geral do projeto: Publifolha
Edição: Paula Marconi de Lima e Thiago Barbalho
Coordenação de produção gráfica: Mariana Metidieri
Produção gráfica: Iris Polachini

Preparação: Mariana Zanini
Revisão: Bia Nunes de Sousa, Évia Yasumaru e Camila Saraiva
Projeto gráfico, capa e direção de arte: Carolina Godefroid / Pireau d'Imagem
Editoração eletrônica: Iris Polachini

Ilustrações: Rita Taraborelli
Fotos: Romulo Fialdini
Assistentes de cozinha: Reinaldo Henrique Vicente e Solange Maria Silva

Pessoas com restrições alimentares devem ficar atentas aos ingredientes indicados nas receitas.

O forno deve ser preaquecido na temperatura indicada.

As fotos deste livro podem conter acompanhamentos ou ingredientes meramente ilustrativos.

Dados Internacionais de Catalogação na Publicação (CIP)
(Câmara Brasileira do Livro, SP, Brasil)

Taraborelli, Rita
Comidinhas vegetarianas. -São Paulo : Publifolha, 2012.

ISBN 978-85-7914-361-8
1. Culinária 2. Receitas I. Título.

11-12850 CDD-641.5

Índice para catálogo sistemático:
1. Receitas : Culinária : Economia doméstica 641.5

A grafia deste livro segue as regras do Acordo Ortográfico da Língua Portuguesa (1990), em vigor desde 1º de janeiro de 2009.

PUBLIFOLHA
Divisão de Publicações do Grupo Folha
Al. Barão de Limeira, 401, 6º andar
CEP 01202-900, São Paulo, SP
Tel.: (11) 3224-2186/2187/2197
www.publifolha.com.br

Sumário

O ano era 2005. Lembro bem dele, pois foi nesse período que retornei a São Paulo, depois de passar quatro anos perambulando por aí, para "construir" o Maní.

Enquanto a obra não ficava pronta, nos estabelecemos numa pequena casa de uma vila, onde passávamos dias inteiros rabiscando ideias, procurando fornecedores, entrevistando cozinheiros, garçons e pessoas interessadas que nos chamassem a atenção para trabalhar no novo restaurante. Numa tarde qualquer, com a cabeça "porongando" de tanto pensar, planejar e sonhar, saio da pequena casa para respirar um pouco, me distrair com o olhar e tomar um café. Entro então na galeria Ouro Fino, na rua Augusta, e, em meio a óculos escuros, coturnos, discos e piercings, avisto ao longe uma guria de jaleco branco, sem avental e acompanhada de um amigo. Naquele instante, já caminhando em sua direção, pensei em chamá-la para fazer parte da equipe, sem ter a menor ideia do que ela fazia, como cozinhava, o que queria, o que pensava.

Foi assim que conheci a Rita. Trocamos telefones e dias depois nos falamos para combinar como seria o início das atividades. Ela era vegetariana e carregava na bagagem experiências com pães e confeitaria. Logo que abrimos o restaurante, tínhamos uma proposta diferente para o almoço, que era servir um menu executivo diferente a cada dia, além de um cardápio rico em opções vegetarianas. A Rita fazia o biscoito de polvilho, as sobremesas (que mudavam a cada dia), o quibe e o hambúrguer vegetarianos, receitas de sua autoria que até hoje estão presentes no menu, e um montão de outras coisas. Ela era a "chefe" daquela praça! Tudo era gostoso, simples e extremamente caprichado. Mas o que mais chamava a minha atenção, antes mesmo do resultado final, era o "modo" de fazer. Como olhar, como tocar e como sentir cada ingrediente que compunha determinada receita. Não se olha simplesmente um produto, pois além da imagem, ele sempre tem uma história para contar. Não se pega uma salsinha da mesma forma que se agarra uma couve-flor. Cada ingrediente tem uma forma, um peso e uma sensibilidade que devem ser respeitados. Admirava nela esse jeito particular de contemplar e deixar-se envolver pelos prazeres sublimes que o fazer culinário pode proporcionar.

Passaram-se meses e, certo dia, ela me chamou para conversar. Conhecendo-a um pouco e sabendo que por trás de toda aquela calma existia uma inquietação, uma busca e uma vontade enorme de se aprofundar, intuí o que viria. Fechava-se um ciclo para que outro tivesse início. Fiquei triste, porque estava perdendo uma cozinheira de mão-cheia e não seria nada fácil encontrar alguém para substituí-la... E ao mesmo tempo feliz, pela amizade que construímos, pelo novo que se anunciava (tanto para ela quanto para mim), por sentir latente o "motorzinho" da transformação e das trocas. Essa é a engrenagem da cozinha... Essa é a engrenagem da vida. Este livro é carregado desse espírito... Escrito, desenhado e "cozinhado" a partir de experiências pessoais, de caminhos externos percorridos e de caminhos internos aprofundados. *Bon profit*!

Helena Rizzo

Era uma vez um livro...

...um livro que tem uma história, vou te contar e logo você vai saber.

Tudo começou quando eu tinha 6 anos e ganhei um fogãozinho de verdade dos meus pais. Ele assava biscoitinhos e, para usá-lo, eu precisava que algum adulto me ajudasse. Um belo dia abri o armário do quarto para procurar alguma coisa com a qual pudesse brincar sozinha, e de repente algo muito forte falou por dentro: um dia vou escrever um livro. Tá, eu sabia que antes eu tinha que crescer, ter experiências e desenvolver a escrita, mas ia fazer um livro sobre o que mesmo?

Orgânicos

Estudava em uma escola bem bacana, onde a gente podia subir em árvores, e um dia fomos de excursão para Botucatu conhecer uma propriedade orgânica. De novo alguma coisa falou por dentro, tudo fazia sentido e voltei para casa com uma cesta linda cheia de ingredientes frescos.

Austrália

Com 16 anos fui morar na Austrália e, logo no primeiro dia, me levaram ao supermercado para escolher o jantar. Fiquei assustada com tanta carne embalada. Lembro como se fosse ontem: estava sentada à mesa da cozinha enquanto a australiana colocava a carne na panela e com aquele barulhinho "tsssssssss" veio um cheiro horroroso. Nesse momento eu falei sem querer: "Eu não como carne!". Mas eu comia, até aquele minuto. O que aconteceu?

"Mas então você come o quê?" Todos me faziam essa pergunta e precisei encontrar boas respostas, afinal, tinha que fazer

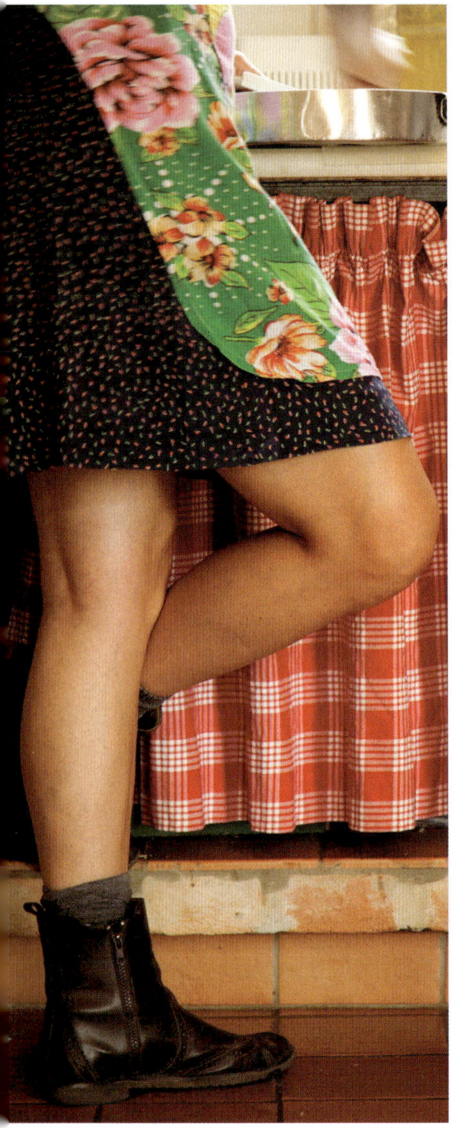

amigos. Eu era gringa e agora não comia carne, imagine! Fui logo pesquisar por que é que as pessoas paravam com esse hábito: saúde, religião, meio ambiente, preocupação com os animais, ideologia, bem-estar, moda e ioga. Mas e eu?

Brasil

Comecei a cozinhar com o auxílio de livros de receita, mas logo caí dentro da escola de cozinha, e adivinhe? Era a única vegetariana do curso de gastronomia. Logo depois da faculdade fui para São Paulo. Ali estagiei, trabalhei e aprendi um monte, mas nunca consegui ficar mais de seis meses em um só restaurante. Era impossível: a repetição e a pressão da cozinha profissional derretiam toda a minha criatividade. Eu me questionava se não existia uma cozinha mais divertida e por que ninguém usava orgânicos.

Viagens me alimentam

Fugi da cozinha.

Na França, visitei as feiras da Provença, fiz piquenique em Camargue, provei absinto em Montpellier e fui ao sul da Espanha atrás de algo mais selvagem: uma família inglesa que só se alimentava de crus, nada cozido. Para viver, faziam retiros e vendiam hortifrúti orgânico nas feiras regionais. Ali eu carregava caixas de frutas, comia alfarroba, abacate e tâmaras maduras, carpia, colhia nozes, secava tomate no telhado, escrevia, sonhava intensamente e usava o banheiro no mato. Depois, caí na cozinha de um albergue em Granada. Cozinhei, me diverti e aprendi a fazer batatas com uma polonesa, assar cacto com uma mexicana, fazer cuscuz com um marroquino, preparar gazpacho com uma espanhola. Peguei receita de pão com um egípcio e aprendi a fazer tartines com um francês. Muita gente bacana circulava por ali e comecei a achar que essa era a minha escola. Continuei viajando e, na Bolívia, aprendi a cozinhar quinua, na Bahia, a abrir cupuaçu e, no Rio de Janeiro, a brotar girassol.

Receitas em ebulição

Desenhando e escutando meu lado criança, palavras saíram da cozinha diretamente para o Pratodepapel, um blog de receitas. Sem querer, eu anotava receitas em qualquer pedaço de papel. O blog se revelou a mais intrigante veia contemporânea entre o mundo e eu, até que um dia recebi um e-mail de um chef que queria me conhecer. Disse que precisava de desenhos para um site, mas que também queria fazer um livro comigo.

"Um livro?". Logo me vi criança, abrindo o armário. "Um livro sobre o quê?"

"De receitas, oras."

O livro não aconteceu, mas o chef virou meu amigo e ainda regou por dentro a sementinha que eu já tinha plantado.

O livro no forno

Comecei a juntar as receitas e, enquanto preparava tudo, fiz amigos que também estão aqui no livro. Em três anos o projeto fermentou, igual a um pão. Comecei assando biscoitos lá atrás e agora assei um livro. Mas o mais prazeroso disso tudo é lembrar que eu fui uma criança que gostava de brincar de cozinha, desenhar e ler livros. E eis que surge um livro de receitas de verdade, que muita gente experimentou, fresquinhas, feitas com carinho para você preparar em casa e se divertir na cozinha.

Rita Taraborelli

LEGENDA

RECEITA VEGAN (NÃO CONTÉM INGREDIENTES DE ORIGEM ANIMAL)

RECEITA VIVA

CONTÉM GLÚTEN

CONTÉM LACTOSE

CONTÉM OLEAGINOSAS

CONTÉM OVO

Dica: Sempre que possível substitua o sal comum por sal marinho e dê preferência a ingredientes orgânicos.

MEDIDAS
=1 XÍCARA
=240ML
1 AÇÚCAR=180g
1 MANTEIGA=200g
FARINHA=120g
CACAU=90g
AVEIA=80g
FRUTAS SECAS=140g
CASTANHAS=140g

Aromáticos e técnicas

Os aromáticos são ingredientes que dão sabor ao prato. Na culinária clássica são considerados a base do preparo. Podem ser sementes, folhas, condimentos, ervas e suas raízes.

Seja em uma sopa, um cozido ou um assado, esses ingredientes especiais podem ser o elemento principal e tanto iniciar como finalizar um prato. A quantidade utilizada não segue uma regra, mas é fundamental para harmonizar o preparo.

Na culinária vegetariana a criatividade é tudo, pois temos que dar sabor aos ingredientes principais.

Os aromáticos da cozinha francesa podem ajudar nesse processo inicial. Com a prática, quando você menos esperar, vai passar a criar sabores a partir de ingredientes inusitados. Aí a brincadeira começa a ficar legal...

Mirepoix branco Na mesma proporção do dourado, use os seguintes aromáticos: alho-poró, cebola e salsão. Usado para trazer um sabor especial a quase todos os tipos de preparo.

Mirepoix dourado Uma mistura bem francesinha são os aromáticos na seguinte proporção: 50% de cebola, 25% de cenoura e 25% de salsão, refogados. Tem um sabor docinho, pois a cebola e a cenoura têm açúcares em sua composição. É utilizada como base de muitos preparos refogados, caldos, sopas, recheios e assados.

Cebola piquée Descasque a cebola e espete-a com três cravinhos-da-índia. Faça um corte fino com uma faca e encaixe uma folha de louro. Usada tradicionalmente para dar sabor ao molho béchamel e a sopas.

Sachet d'épice Em um tecido de algodão, embrulhe ervas como tomilho, louro, talos de salsinha e pimenta-preta em grãos. Em algumas cozinhas francesas também se usam cravos-da-índia e dentes de alho, mas você pode colocar o aromático que desejar. Enriquece o sabor de sopas, molhos e caldos. Mergulhe o sachê durante o preparo e retire antes de servir.

Cebola brûlée Corte a cebola ao meio e toste em uma frigideira até ficar bem moreninha. Usada para escurecer caldos e encorpar o sabor. Use a cebola com casca ou sem.

Buquê garni Pegue folhas de louro, ramos de salsinha e de manjericão, alecrim e tomilho e amarre com um barbante de cozinha ou com uma cebolinha. Dá sabor a molhos e sopas. É só colocar dentro da panela enquanto cozinha e retirar antes de servir.

Molho de pimenta
(p. 126)

Utilizados em muitos preparos, os caldos estão presentes nas prateleiras, desidratados e em quadradinhos (tabletes). É uma base de preparo simples que pode ser facilmente feita em casa em vez de comprada pronta. Um bom caldo é a base e o segredo de um risoto de sucesso, assim como de um cuscuz ou qualquer outro cozido que leve um líquido.

Sempre faço caldos para todos os preparos que o pedem. Se sobra, eu congelo e já tenho pronto para os dias mais corridos!

O cheiro contagia a casa e aguça o apetite, preparando assim para o melhor, que vem a seguir: o prato pronto!

O caldo é feito com as sobras, como rebarbas e cascas de legumes. Pode levar abobrinha, mandioquinha, manjericão, cebolinha, talo de couve-flor e folhas também! Não se esqueça de lavar bem e retirar todo resíduo de terra. Para fazer um caldo mais asiático, acrescente pimenta-dedo-de-moça, gengibre, limão, raiz de cebolinha e coentro. Para fazer um de cogumelos, é só acrescentar talos, cogumelos e, se quiser, um pouco de missô ou shoyu.

Caldo de legumes

1 h (2 litros)

2 talos de salsão com as folhas
1 cebola
3 dentes de alho
3 folhas de louro
1 colher (chá) de pimenta-do-reino em grãos
1 ramo de tomilho
1 ramo de salsinha
1 ramo de manjericão
folhas de 1 alho-poró
cebola brûlée (p. 15), opcional
2 litros de água mineral

Coloque tudo em uma panela e cubra com a água mineral. Deixe ferver, abaixe o fogo e cozinhe por 1 hora. Coe e sirva.

Manteiga purificada (ghee) 

Ghee (ou gui) é uma iguaria indiana conhecida como manteiga purificada e chamada pelos franceses de manteiga clarificada. É basicamente a manteiga separada dos elementos sólidos do leite e da água, o que a torna livre de todos os componentes lácteos. A manteiga é cozida em fogo bem baixo até que uma espuma suba à superfície, e as impurezas são retiradas com uma escumadeira. O processo é longo e o resultado é uma gordura de qualidade, ótima para cozinhar e usar em processos terapêuticos, além de tornar os alimentos saborosos.

Sempre que faço, reservo o dia para fazer coisas tranquilas em casa, pois pode demorar horas, dependendo da quantidade. O preparo é bem lento e exige concentração, paciência e boa vontade. O resultado é uma mente meditativa e um ghee de ótima qualidade.

A manteiga de garrafa que encontramos na tradicional culinária brasileira é semelhante ao ghee, mas não tem as mesmas propriedades, devido ao cuidado com a temperatura na preparação.

A melhor panela para esse preparo é aquela de fundo grosso e que tem uma composição de qualidade. A panela de barro é a ideal – se puder, reserve uma só para preparar seu ghee. Panelas e utensílios de alumínio e plástico devem ser evitados.

2 h (2,75 KG)

3 kg de manteiga sem sal

1 Derreta a manteiga e deixe o fogo o mais baixo possível. Geralmente, quando estamos quase desligando o gás é o momento em que conseguimos a menor chama do fogo.

2 Com a ajuda de uma escumadeira, retire as impurezas que se formam na superfície. Tome cuidado para que não ferva e queime.

3 Assim que a manteiga estiver límpida, desligue o fogo e coe com um pano de algodão e peneira em um recipiente de vidro. Muito cuidado ao manusear o ghee quente, para não causar queimaduras.

4 Assim que esfriar, tampe e armazene em local arejado. Não precisa manter na geladeira.

Validade: 6 meses. Se formar algum fungo, descarte.

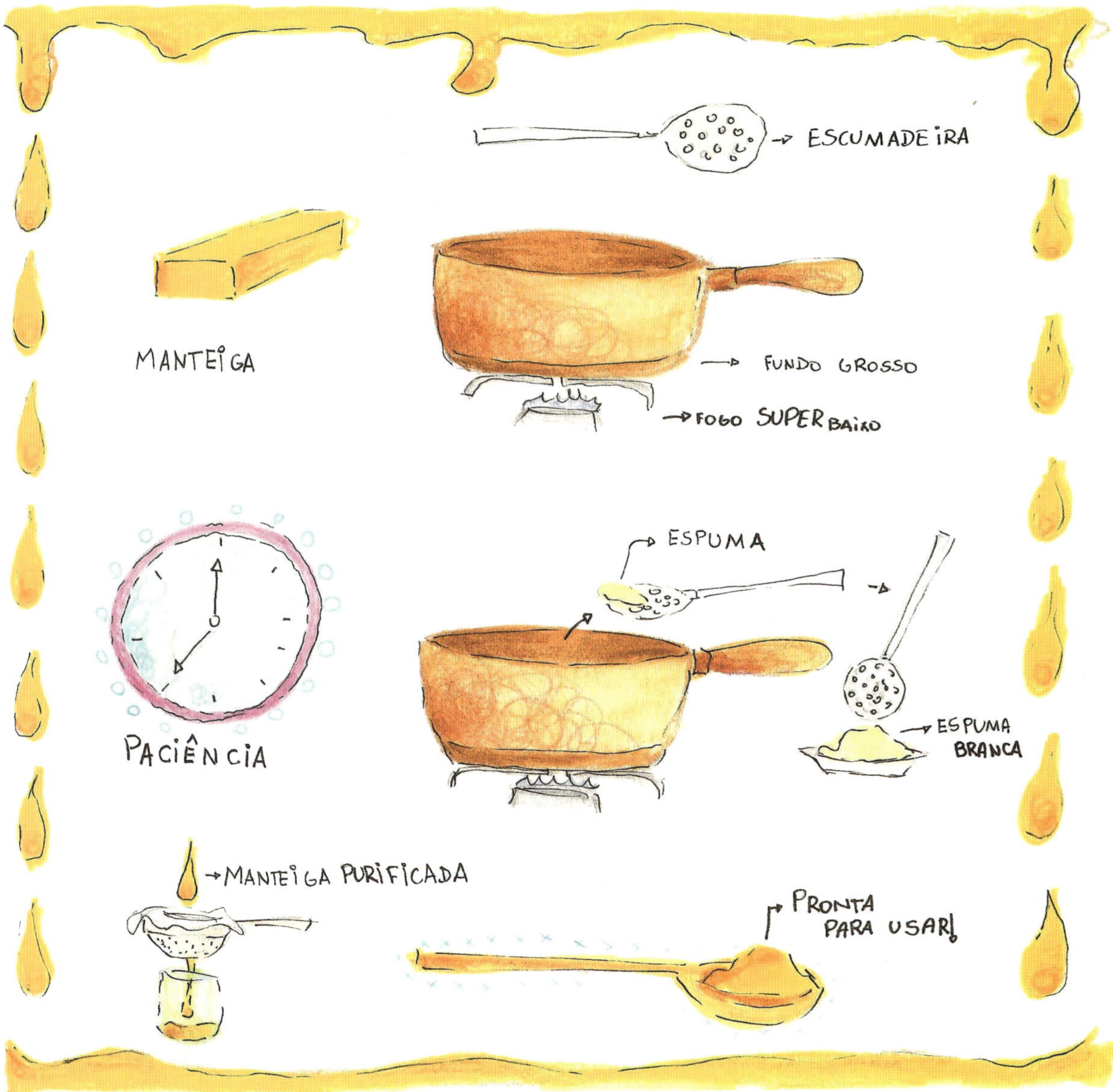
ESCUMADEIRA
MANTEIGA
FUNDO GROSSO
FOGO SUPER BAIXO
ESPUMA
PACIÊNCIA
ESPUMA BRANCA
MANTEIGA PURIFICADA
PRONTA PARA USAR!

Para despertar

limão
laranja
mel
H_2O
gengibre
capim
para comer no jardim

Frutas em infusão de capim-santo

20 min (4 A 5 PORÇÕES)

1 manga madura fatiada
1/3 de mamão formosa fatiado sem as sementes
2 kiwis fatiados
1 maçã fatiada
suco de 1 limão
suco de 2 laranjas
2 cm de gengibre ralado
1 ramo de capim-santo
mel a gosto

1. Disponha as frutas fatiadas em uma travessa transparente.
2. Coloque em uma panela 1 xícara de água, o suco do limão e o das laranjas e, assim que ferver, desligue o fogo.
3. Adicione o gengibre ralado e o capim-santo, tampe a panela e deixe infusionar por 10 minutos.
4. Coe o líquido e adoce com mel a gosto.
5. Verta a calda ainda quente sobre as frutas fatiadas.

Granola deliciosa assada

40 min (1 POTE GRANDE)

4 colheres (sopa) de óleo de coco
10 colheres (sopa) de melado ou mel
suco e raspas de 1 limão
2 xícaras de aveia em flocos
1 xícara de quinua em flocos
½ xícara de sementes de girassol
⅓ de xícara de gergelim sem casca
1 xícara de coco fresco ralado
½ xícara de castanhas de caju sem sal torradas e picadas
½ xícara de castanhas-do-pará picadas
⅓ de xícara de ameixas secas picadas
½ xícara de uvas-passas escuras sem semente

1. Aqueça uma assadeira no fogo e coloque o óleo, o mel e o suco de limão. Misture bem e adicione a aveia, a quinua, as sementes de girassol, o gergelim, o coco, as castanhas e as raspas de limão. Mexa com uma colher de pau até envolver todos os ingredientes.
2. Asse por 20 minutos a 180°C, mexendo a cada 10 minutos. Acrescente as ameixas e as uvas-passas e asse por mais 5 minutos.

Müsli* tradicional

7 min + 1 noite (4 PORÇÕES)
200 g de aveia em flocos
suco de 2 limões
2 maçãs verdes
400 ml de iogurte natural (p. 33)
100 ml de mel
frutas frescas
40 g de avelãs

1 Coloque a aveia, o suco de limão e 125 ml de água mineral em uma tigela. Cubra e deixe hidratar durante uma noite inteira.
2 Na manhã seguinte, rale as maçãs com a casca e junte ao preparo hidratado. Adicione o iogurte, o mel e mexa bem até misturar os sabores.
3 Asse as avelãs em forno preaquecido a 180ºC, até dourar. Para remover a pele, espere esfriar e coloque-as em uma toalha limpa. Dobre a toalha pela metade e esfregue-as dentro da toalha na mesa.
4 Divida o müsli em quatro potes, cubra com as frutas e salpique as avelãs.

O müsli é um prato tradicional à base de cereais consumido no café da manhã. É feito basicamente com flocos de aveia, frutas e castanhas e foi criado em meados de 1900 pelo físico suíço Maximilian Bircher-Benner para servir a pacientes de seu hospital. Originalmente era conhecido como Birchermüesli ou simplesmente müsli, palavra alemã que vem do diminutivo *mues*, relacionado ao termo do inglês arcaico *moose*, que significa um cozido encorpado.

Müsli vivo

3 h (1 PORÇÃO)

1 colher (sopa) de uvas-passas escuras
⅓ de xícara de aveia germinada (veja como germinar na p. 172)
1 banana bem madura amassada
suco de ½ limão-cravo
canela em pó (opcional)

Hidrate as uvas-passas por no mínimo 3 horas, misture todos os ingredientes e sirva.

Müsli personalizado

7 min + 1 noite (1 PORÇÃO)

3 colheres (sopa) de grãos e sementes à sua escolha
3 castanhas ou amêndoas
2 ameixas secas
1 colher (sopa) de uvas-passas
suco e raspas de 1 limão
1 fruta fresca doce à sua escolha, como maçã ralada, pera ralada, manga ou banana amassada
canela

1. Selecione os ingredientes secos de acordo com o que você mais gosta e misture.
2. Cubra com água e limão e deixe hidratar por uma noite.
3. Pela manhã, adicione a fruta fresca e, se desejar, iogurte natural e mel.

Iogurte natural 

Desde pequena, sempre comi iogurte caseiro. No começo era uma coalhada que minha mãe cobria e deixava "dormir" na cozinha. Depois, meu pai passou a fazer o iogurte, que ficou mais cremoso e menos coalhado.

O tempo passa, a gente se locomove, mas o que vivemos na infância muitas vezes é repetido – e eu sempre me pego fazendo iogurte, até mesmo quando estou longe de casa.

A temperatura ideal para colocar a cultura do iogurte no leite é 45°C. Esse é um dos segredos para o iogurte ficar realmente bom.

Durante o século XII, esse preparo de leite coalhado já era vendido nas ruas de Constantinopla. Aos poucos foi popularizado pelos turcos, que tinham hábitos alimentares de um povo nômade. Como o leite é perecível, o iogurte e os queijos foram formas encontradas para aumentar a durabilidade e garantir o consumo.

O iogurte é considerado um alimento probiótico por conter micro-organismos que ajudam a equilibrar a flora intestinal, tornando-a saudável e mais resistente contra micro-organismos patogênicos. A consistência e o sabor ácido se devem às bactérias *Streptococcus thermophilus* e *Lactobacillus bulgaricus*, consumidoras de lactose que eliminam ácido lático; esse ácido coalha e altera o sabor do leite. Quando o iogurte está pronto, preserva todos os nutrientes do leite, mas com menor índice de lactose, sendo de fácil digestão.

1 noite (1,2 L)

1 litro de leite fresco ou tipo A
1 copo de iogurte natural ou fermento lácteo desidratado

Ferva o leite e deixe a temperatura baixar até 45°C. Caso não tenha termômetro, coloque o dedo no leite e, assim que conseguir ficar 10 segundos, está bom! Pode colocar o iogurte, mexer bem, tampar e envolver em uma coberta ou manta. Deixe em local arejado por, no mínimo, 6 horas. O melhor é fazer antes de dormir, pois, quando você acordar, ele estará ótimo.
Dica: Para deixá-lo cremoso, retire o excesso de soro e mexa delicadamente com um garfo ou fouet. Guarde na geladeira. Reserve sempre 1 xícara de iogurte para fazer o próximo.
Validade: 10 dias.

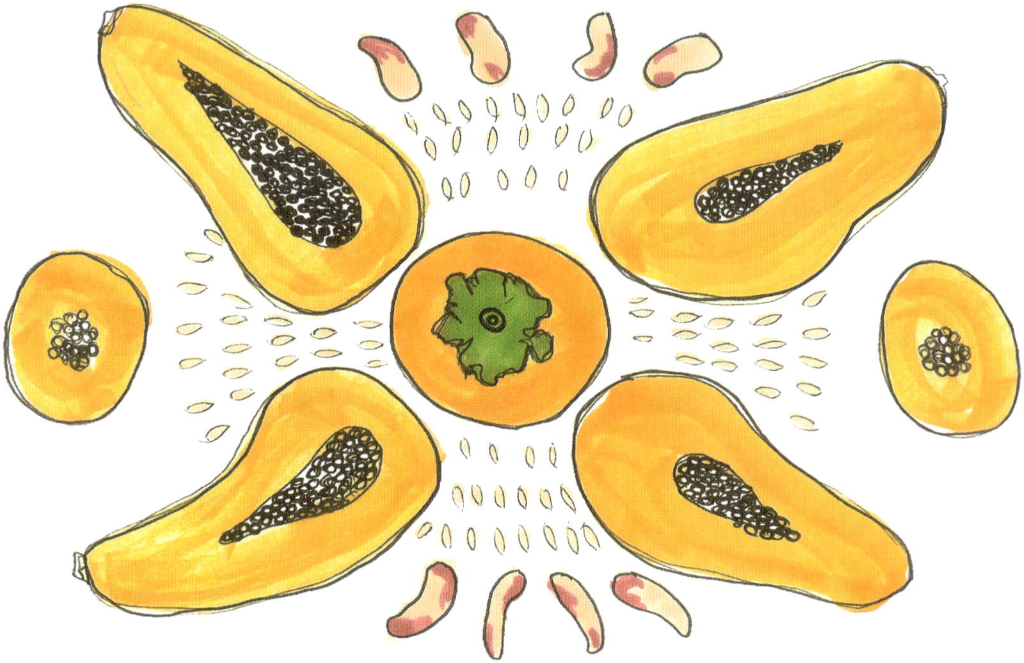

Iogurte com frutas da época

5 min (2 PORÇÕES)
frutas da época
200 ml de Iogurte natural (p. 33)
Granola deliciosa assada (p. 27)
mel

Em um potinho, coloque as frutas e cubra com o iogurte. Salpique granola por cima e finalize com mel.

Pão

Fazer pão é uma arte de manuseio e paciência. Algumas receitas não levam fermento e precisam descansar de um dia para o outro para crescer. O sabor e a textura de um pão dependem da mão de quem o produziu, além de fatores como a temperatura e a umidade do local.

Desde que eu era criança, minha avó fazia pão para a gente. Sempre que ela tomava a decisão de preparar a iguaria, a cozinha era toda dela durante a tarde, devido ao complexo preparo que a receita exige. Seu pão é levemente doce, macio e em formato de rosca trançada. Comíamos com requeijão cremoso, que – mais tarde fui saber – era para lembrar o requeijão que a bisa fazia.

Ajudei muito minha avó a fazer pão. O que mais gostava era colocar a bolinha de massa em um copo de água e esperá-la subir, indicando que o pão já está bom para assar. Esse tempo de espera que faz o pão crescer é o que chamo de meditação, pois devemos permanecer nos arredores da cozinha despertos para que não cresça de menos ou passe do ponto. É um exercício para saber identificar o momento exato de cada etapa do processo.

Logo que me formei em gastronomia, após alguns estágios, o primeiro local que me contratou foi uma confeitaria francesa com uma padaria. Apesar de trabalhar na confecção dos doces, passei a presenciar diariamente a manufatura de pães de diversos tipos de fermentação. A padaria, comandada pelo chef Henri Schaeffer, que virou meu amigo, era sofisticada e alguns pães eram feitos com fermentação natural. Ninguém ali utilizava massinha na água para ver se estava bom para assar e o universo do pão então se expandiu para mim.

O pão está presente em diversas culturas de nossa civilização e é um alimento muito importante na refeição diária de muita gente. Hoje, sempre que posso, faço pão em casa e testo novas receitas. Gosto muito de misturar farinhas mais nutritivas, como a de quinua e amaranto, com farinhas mais saborosas, como a de milho, com sementes, frutos e castanhas. Cada dia é uma nova experiência.

Para fazer pão necessitamos, além dos ingredientes, de algo não muito abundante na vida contemporânea: tempo. Você vai precisar dedicar um tempo para poder desenvolver um pão de qualidade, saboroso e macio em sua cozinha. Os pães mais elaborados necessitam de mais de uma fermentação, o que demanda algo como uma manhã ou uma tarde inteira para serem produzidos.

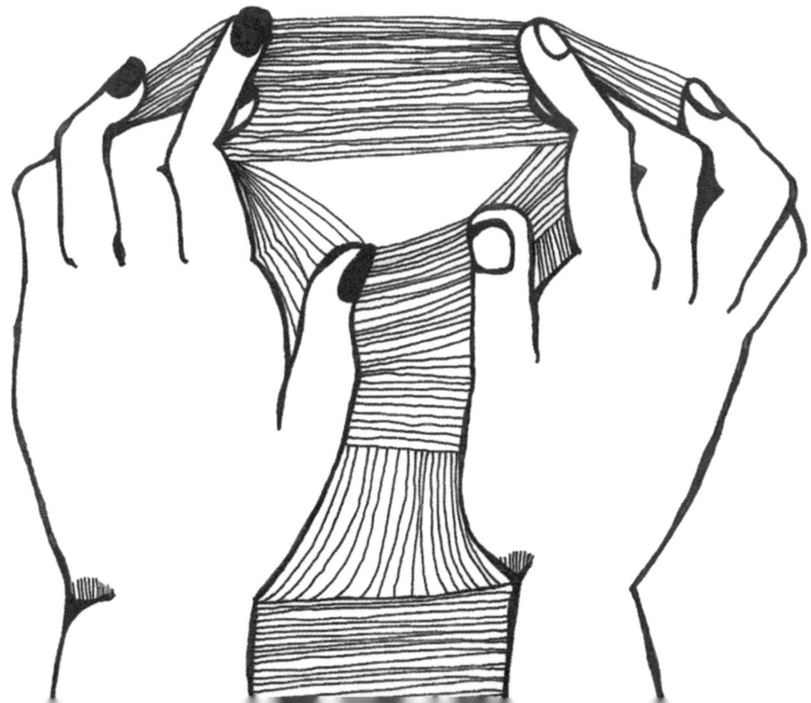

Pão de nozes com amaranto

2-3 h (2 PÃES GRANDES)
500 g de farinha de trigo
500 g de farinha de trigo integral
80 g de flocos de amaranto
150 g de farinha de amaranto
25 g de fermento fresco
600 ml de água
200 g de nozes picadas
30 g de açúcar mascavo
20 g de sal

1 Coloque todos os ingredientes em uma bacia e misture até formar uma massa. Transfira para uma superfície lisa e sove por 10 minutos, ou até a massa ficar bem macia.
2 Faça uma bola lisa e polvilhe farinha. Cubra com um pano de algodão e deixe dobrar de volume. Pressione a massa empurrando-a para baixo, eliminando todo o ar formado na fermentação. Molde dois pães e coloque em uma assadeira polvilhada com farinha, deixe dobrar de volume e asse em forno preaquecido a 220°C por 10 minutos. Abaixe para 180°C e asse por mais 20 minutos.

Dica: Fica delicioso com queijo de cabra e mel.

Pão de sementes

3 h (2 PÃES GRANDES)

20 g de fermento biológico fresco ou 10 g de fermento seco
600 g de farinha de trigo integral
200 g de farinha de trigo
2 colheres (sopa) de melado
1 colher (sopa) de sal
6 colheres (sopa) de sementes de girassol
6 colheres (sopa) de sementes de linhaça
2 colheres (sopa) de sementes de erva-doce
3 colheres (sopa) de azeite

1 Misture o fermento com 100 ml de água em temperatura ambiente e 5 colheres de farinha de trigo. Mexa bem e deixe crescer por cerca de 15 minutos.

2 Coloque todos os ingredientes secos em um recipiente e faça uma cova no meio. Adicione os ingredientes líquidos, 400 ml de água mineral e a mistura do fermento. Mexa delicadamente até formar uma massa homogênea.

3 Polvilhe uma bancada de superfície reta e limpa e amasse o pão até a massa ficar bem lisa e macia. Forme uma bola, polvilhe farinha, cubra com um pano e deixe crescer.

4 Quando a massa dobrar de volume, abaixe-a tirando todo o ar. Molde os pães tipo baguete e coloque na forma polvilhada com farinha. Deixe crescer novamente, faça incisões e asse a 200°C por 40 minutos ou até ficarem dourados.

centeio
SAL
Leite
Açúcar demerara
Farinha de trigo
Fubá
grão de milho
sementes de alcaravia

Pão de milho com centeio

3 h (2 PÃES MÉDIOS OU 1 GIGANTE)

10 g de fermento granulado
1 xícara de leite
350 g de fubá
2 colheres (sopa) de açúcar demerara
350 g de farinha de trigo
300 g de farinha de centeio
1 xícara de água
1 colher (sopa) de sementes de alcaravia (opcional)
1 colher (sobremesa) de sal

1. Misture o fermento com ⅓ de xícara de leite, ½ xícara de fubá e o açúcar. Deixe dobrar de volume.
2. Acrescente os demais ingredientes e sove até desenvolver o glúten e a massa ficar bem macia. Molde o pão, polvilhe farinha de trigo e deixe crescer até dobrar o volume.
3. Ligue o forno a 200ºC.
4. Abaixe a massa com as mãos, retirando todo o ar, molde os pães, polvilhe fubá e deixe crescer novamente. Assim que dobrar de volume, asse por 15 minutos em forno aquecido a 200ºC e mais 20 minutos a 180ºC.

Pão com tomate

5 min (4 UNIDADES)

3 tomates tipo italiano ou rasteiro bem maduros
4 fatias de Pão de milho com centeio (p. 43)
azeite extravirgem
sal
pimenta-do-reino moída na hora

1. Triture os tomates em um pilão até obter uma polpa vermelha e suculenta. Tempere com o sal e a pimenta.
2. Aqueça as fatias de pão no forno até que fiquem levemente tostadas. Passe a polpa do tomate, regue com fios de azeite e sirva imediatamente.

Bolinho de fubá

1h30 (4 UNIDADES)
2 ovos
80 g de açúcar demerara
130 g de fubá
3 colheres (sopa) de manteiga derretida
50 g de mel
uma pitada de sal
1 colher (chá) de fermento químico
1 colher (sopa) de erva-doce

1 Aqueça o forno a 180°C.
2 Em uma batedeira, bata os ovos com o açúcar. Adicione o fubá, a manteiga e o restante dos ingredientes.
3 Coloque em vasinhos de barro untados e asse até que um palito de madeira, quando espetado nos bolinhos, saia limpo.

Bolinho de figo e castanha-do-pará

40-50 min (4 UNIDADES)

1 ovo caipira
50 g de açúcar mascavo
120 g de figos turcos secos picados com faca
20 g de ameixas secas picadinhas
30 g de farinha de arroz integral
1 colher (café) de canela em pó
1 pitada de macis*
1 pitada de cravo-da-índia em pó
1 colher (café) de fermento químico em pó
1 pitada de sal
30 g de castanhas-do-pará picadas

1. Bata o ovo com o açúcar na batedeira, coloque as frutas secas e continue batendo.
2. Acrescente a farinha, as especiarias, o fermento, o sal e, por último, as castanhas.
3. Asse em forminhas de bolo individuais por 25 minutos a 180°C.

* Macis, uma especiaria forte e supersaborosa, é a casca em que a noz-moscada é envolta. É encontrada em lojas que comercializam especiarias e vendem produtos árabes e indianos.

Fica uma delícia com chá de hibisco

Para abrir o apetite

Pipoca no óleo de coco

10 min (3 PORÇÕES)
2 colheres (sopa) de óleo de coco
1 xícara de milho de pipoca
sal a gosto

1 Em uma panela, derreta o óleo de coco e acrescente o milho. Mexa bem e tampe até começar a estourar a pipoca.
2 Movimente a panela tampada em sentido circular para os grãos deslizarem e não queimarem. Deixe no fogo até estourar todo o milho.
3 Ponha o sal e sirva.

Castanhas picantes com coco

40 min (4 A 5 PORÇÕES)

3 colheres (sopa) de óleo de coco
1 colher (chá) de cúrcuma
1 colher (chá) de páprica picante
½ colher (café) de pimenta-de-caiena
¼ de colher (chá) de alho em pó
½ colher (café) de gengibre em pó
¼ de colher (chá) de cardamomo em pó
2 xícaras de castanha de caju crua
3 colheres (sopa) de coco ralado
sal

1. Aqueça o forno a 180°C.
2. Aqueça uma assadeira na chama do fogão, coloque o óleo e faça-o percorrer toda a superfície da forma.
3. Coloque os temperos e mexa bem com uma colher de pau.
4. Jogue as castanhas e chacoalhe bem para envolvê-las nos temperos.
5. Coloque as castanhas no forno e asse por 30 minutos. A cada 10 minutos mexa para não queimar.
6. Acrescente o coco nos últimos 10 minutos.
7. Salgue e deixe esfriar. Podem ser armazenadas por dois meses em um vidro bem fechado.

Queijinho de cabra com azeite

30 min + 3 dias (2 PORÇÕES PEQUENAS)

1 receita de Iogurte natural (p. 33), feita com 3 litros de leite de cabra
tomilho fresco
pimenta-calabresa
raspas de limão
500 ml de azeite extravirgem
tecido de algodão ou voal
sal

1 Faça o iogurte seguindo os procedimentos da p. 33, mas substitua o leite fresco pelo de cabra.

2 Disponha o tecido em um recipiente grande e fundo; deixe as pontas para fora.

3 Despeje o iogurte e una as pontas, formando uma trouxinha. Se necessário, utilize um barbante para amarrar (veja o passo a passo na p. 140).

4 Deixe escorrer de um a três dias na geladeira, até que todo o soro tenha vertido. A trouxinha deve ficar suspensa de forma que o soro escorrido não encoste nela.

5 Esterilize dois vidros com água fervente e deixe secar naturalmente.

6 Descarte o soro. Tempere com sal a massa escorrida e com uma colher de chá e faça bolinhas com as mãos.

7 Envolva as bolinhas com o tomilho, a pimenta e as raspas de limão.

8 Forme camadas com essas bolinhas dentro dos vidros e cubra com azeite. Mexa levemente, de forma que os sabores se misturem, mas não machuque os queijinhos.

9 Tampe e guarde na geladeira por até duas semanas. Sirva amassado sobre torradas, por cima de saladas ou até como recheio.

nuvens de ricota

Ricota aerada

10 min (6 A 8 PORÇÕES)
400 g de ricota fresca
200 ml de creme de leite fresco
gotas de limão
colorau e noz-moscada a gosto
sal
pimenta-do-reino

1. Bata a ricota com o creme de leite fresco na batedeira, com um batedor em forma de globo, até ficar aerada, como uma nuvem. *Cuidado para não bater demais, o creme de leite pode virar manteiga!*
2. Adicione os temperos e misture delicadamente. Disponha em um prato e finalize com colorau e noz-moscada.

Iguaria típica da Provença, à base de azeitonas e alcaparras.

Tapenade

20-30 min (1 xícara ou 6 porções)
2 xícaras de azeitonas pretas sem caroço
2 colheres (sopa) de alcaparras
3 colheres (sopa) de azeite extravirgem
2 colheres (sopa) de suco de limão-cravo
1 dente de alho
tomilho fresco a gosto
sal
pimenta-do-reino

Misture todos os ingredientes e transforme-os em uma pasta uniforme com o auxílio de um pilão de pedra ou um processador de alimentos.

Para tirar o gosto forte da conserva da alcaparra e deixá-la com um sabor mais leve, coloque-a em uma panelinha, cubra com água e leve ao fogo. Espere levantar fervura e escorra as alcaparras. Repita esse processo duas vezes.

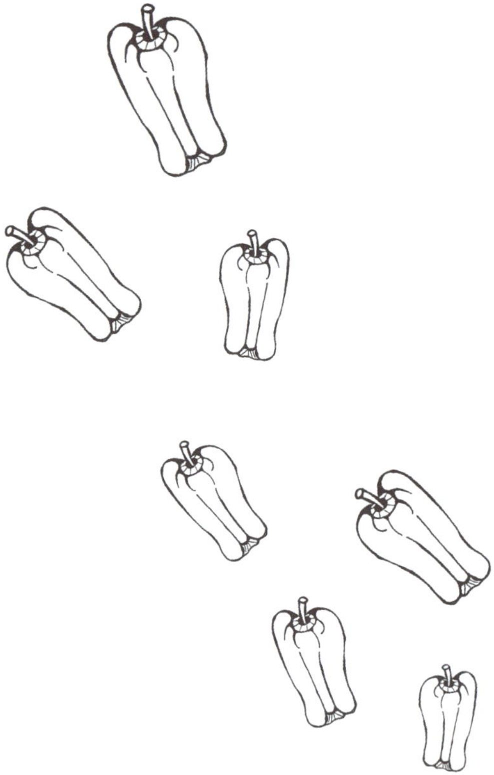

Pimentão marinado

40 min (3 PORÇÕES)

2 pimentões vermelhos
2 pimentões amarelos
azeite extravirgem
salsinha fresca
alecrim fresco
sal
pimenta-do-reino moída na hora

1 Besunte os pimentões com azeite e asse-os em forno quente até dourar bem a superfície.
2 Retire do forno e abafe em um recipiente com tampa por 10 minutos – isso vai ajudar a casca a se soltar. Descarte a casca e as sementes.
3 Fatie em finas tiras de 6 cm e misture com os demais ingredientes. Deixe marinar na geladeira por no mínimo 1 hora e sirva.

Este é um clássico para acompanhar pães, saladas e amigos.

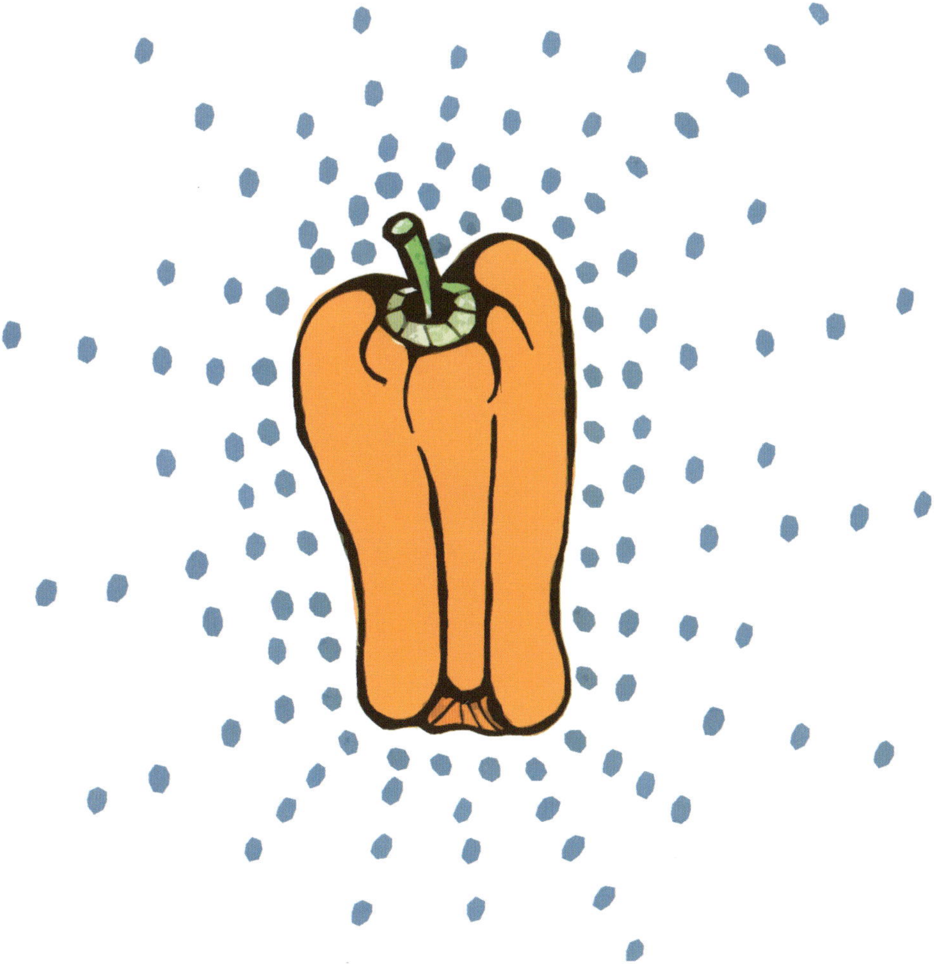

Dip de tomate e pimentão

🕐 10 min (4 PORÇÕES)
1 pimentão vermelho
1 dente de alho
2 tomates bem maduros
1 colher (sopa) de azeite extravirgem
pimenta (opcional)
sal

Retire as sementes do pimentão e processe-o no liquidificador com o alho e os tomates. Adicione os temperos a gosto.

Dip de abacate

🕐 5 min (4 PORÇÕES)
8 colheres (sopa) de abacate manteiga maduro
1 colher (sopa) de azeite extravirgem
suco de 1 limão
sal
pimenta-do-reino

Amasse o abacate com um garfo e misture os demais ingredientes. Faça um pouco antes de servir, pois o abacate escurece com o tempo.

Coalhada seca temperada

🕐 20 min + 2 noites (4 PORÇÕES)
Coalhada seca (p. 140),
azeite extravirgem
sal

Acrescente um fio de azeite e sal a gosto na coalhada e misture.

Bruschetta de gorgonzola e mel

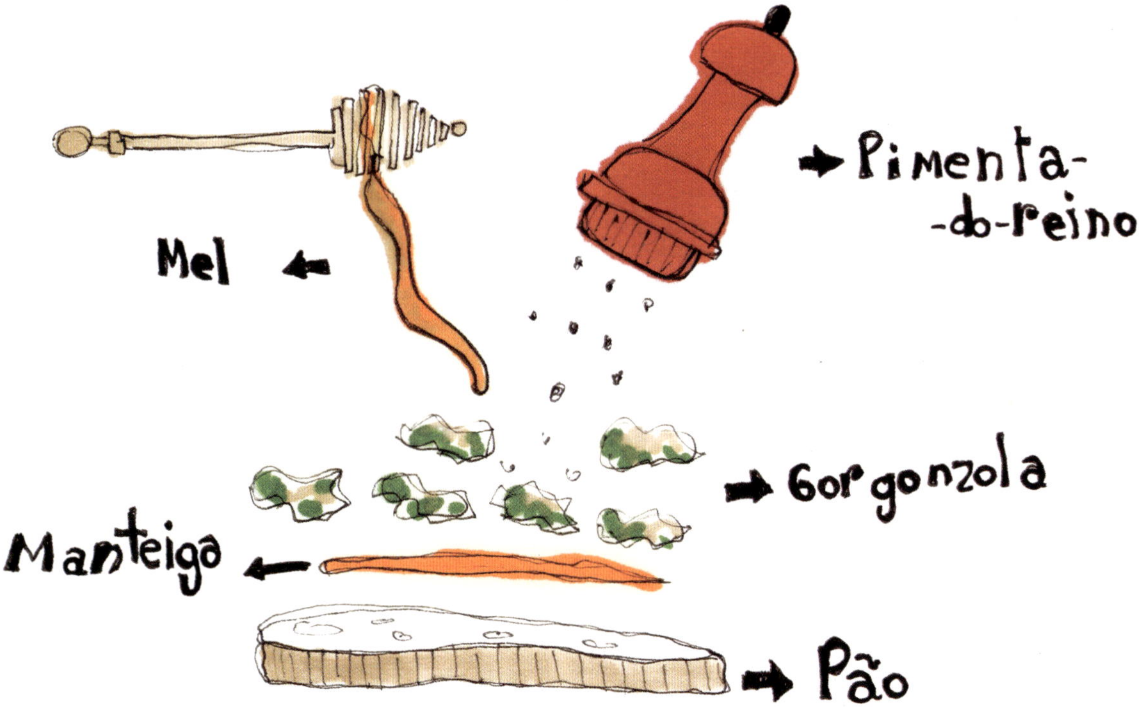

20 min

Siga o desenho e asse até o queijo derreter e o pão ficar crocante.

Tartine do Matthew

7 min (1 UNIDADE)

1 colher (sopa) de Tapenade (p. 61)
1 fatia de Pão de sementes (p. 40)
1 colher (sopa) de Ricota aerada (p. 58)
1 punhado de Brotos de alfafa (p. 180)

Passe a tapenade no pão, cubra com a ricota e finalize com a alfafa.

Um dia, Lúcia Ehlers e eu criamos esta salada com base em todos os aminoácidos de que o corpo precisa. Muita gente pensa que é impossível ficar sem comer carne, pois haverá falta de proteína. O que acontece é que, quando deixamos de comer carne, devemos procurar ter uma alimentação bem variada, buscando todos os aminoácidos essenciais que formam a proteína de que precisamos. Nesta salada temos todos eles!

Salada essencial marinada

1 h (1 SALADA GRANDE)

Marinada

tomatinho cortado em quartos
abóbora ralada
pimentão em cubinhos
pepino em cubinhos
grãos e sementes germinados
cebola em cubinhos
alho amassado
salsinha picada
hortelã picada
suco de laranja
sal
azeite

Misture tudo e deixe marinando na geladeira por no mínimo 1 hora.

Molhinho

100 g de tofu
1 dente de alho
½ pimenta-dedo-de-moça
3 raminhos de tomilho fresco
3 colheres (sopa) de azeite extravirgem
sal

Bater todos os ingredientes no liquidificador com ½ copo de água.

Montagem

Faça uma cama com alface, rúcula, broto de girassol e de lentilha, abacate cortado em meia-lua e sirva com a marinada e o molhinho.

Sopa verde de brócolis ou

25-35 min (6 PORÇÕES)

1 alho-poró
3 dentes de alho
1 colher (sopa) de ghee (p. 20)
(para a versão vegan use óleo de coco)
1 cebola
1 talo de salsão
½ brócolis
1 inhame grande
1 batata
1 folha de louro
noz-moscada a gosto
sal
pimenta-do-reino

1 Pique o alho-poró em rodelas e retire a casca do alho, deixando os dentes inteiros.
2 Aqueça uma panela de barro e adicione o ghee. Doure o alho-poró, o alho, a cebola, o salsão e acrescente o brócolis em pedaços e os tubérculos, sem casca, cortados em cubos grandes. Adicione o louro e cubra todos os ingredientes com água.
3 Espere levantar fervura, coloque o sal e abaixe o fogo. Cozinhe por 15 minutos.
4 Processe a sopa e acrescente os demais temperos. Volte para a panela e adicione mais água se necessário. Ferva e sirva.

Sopa amarela com abóbora e mandioquinha ou

25-35 min (6 porções)

½ abóbora-japonesa
1 kg de mandioquinha (batata-baroa)
½ cebola
1 alho-poró
1 talo de salsão
2 colheres (sopa) de ghee (p. 20)
(para a versão vegan use óleo de coco)
2 colheres (chá) de gengibre ralado
½ pimenta-dedo-de-moça
1 rama de canela em pau
2 unidades de raiz de cebolinha
6 xícaras de caldo de legumes (p. 19)
1 sachet d'épice (p. 15)
sal
pimenta-do-reino
cebolinha picada

1 Retire a casca da abóbora e da mandioquinha e corte-as em pedaços médios.
2 Pique a cebola, o alho-poró e o salsão.
3 Refogue em ghee ou óleo de coco os temperos com o gengibre, a pimenta-dedo-de-moça picada e sem sementes, a canela e a raiz de cebolinha. Acrescente a abóbora e a mandioquinha. Refogue bem.
4 Adicione o caldo, o sachet d'épice, o sal e espere levantar fervura. Abaixe o fogo e cozinhe por 15 minutos, até os ingredientes ficarem macios.
5 Retire a rama de canela e o sachet e passe tudo em um processador. Volte para a panela e, se preciso, acrescente mais caldo.
6 Adicione a pimenta-do-reino, finalize com a cebolinha e sirva.

Sopa roxa de beterraba

30-40 min (4 PORÇÕES)
óleo de coco para dourar
2 alhos-porós picados (parte branca)
1 pimenta-dedo-de-moça
600 g de inhame
500 g de beterraba
1 buquê garni (p. 15)
sal
cebolinha picada
hortelã
1 colher (sopa) de nata ou iogurte

1 Ferva 1½ litro de água.
2 Aqueça o óleo em uma panela e refogue o alho-poró e a pimenta-dedo-de-moça. Mexa até os temperos se revelarem em som e cheiro.
3 Acrescente o inhame e a beterraba, mexa bem e logo adicione a água quente. Assim que ferver, abaixe o fogo e adicione o buquê garni e sal a gosto. Cozinhe até os tubérculos ficarem macios (cerca de 10 minutos).
4 Processe até virar um creme e adicione a cebolinha.
5 Finalize com hortelã fresca e sirva com a nata ou o iogurte.

Para compartilhar

Tomates recheados com quinua

50 min (4 PORÇÕES)

100 g de quinua em grãos
½ colher (chá) de sal
3 colheres (sopa) de azeite extravirgem
3 raízes de cebolinha picadas
1 pimenta-dedo-de-moça picada sem sementes
½ xícara de manjericão picado
½ xícara de salsinha picada
2 colheres (sopa) de farinha de mandioca
4 tomates maduros

1 Cozinhe a quinua e depois adicione o sal.
2 Aqueça bem uma frigideira, coloque o azeite e desligue o fogo. Misture a pimenta e as ervas, envolvendo-as com o azeite, acrescente a quinua e a farinha e acerte o sal.
3 Corte os tomates ao meio, retire as sementes e faça um pequeno corte na base, de forma que a metade dos tomates fique em pé. Salpique sal e besunte com azeite.
4 Recheie com o preparo de quinua, disponha em uma fôrma untada e asse a 190°C por 25 minutos, ou até dourar.

Cuscuz dourado com uvas-passas e laranja

ou

1 h (5 PORÇÕES)

6 cebolas em rodelas finas
2 colheres (sobremesa) de óleo ou ghee (p. 20)
6 cenouras em meia lua
1 colher (café) de cominho em pó
½ litro de caldo de legumes (p. 19)
1 punhadinho de pistilos de açafrão
  ou 1 colher (chá) de cúrcuma em pó
suco de 3 laranjas
200 g de uvas-passas hidratadas em
  água por 4 horas
1 colher (chá) de sementes de cominho
300 g de cuscuz marroquino
azeite extravirgem para finalizar
amêndoas picadas e tostadas
sal e pimenta-do-reino

1. Refogue as cebolas no ghee até ficarem caramelizadas*. Acrescente as cenouras e mexa até dourar. Junte o cominho em pó, o sal e a pimenta-do-reino. Reserve.
2. Aqueça o caldo e acrescente o açafrão, o suco de laranja, as uvas-passas e as sementes de cominho. Deixe ferver e desligue o fogo, coloque uma tampa e abafe por uns minutos, fazendo uma infusão. Acerte o sal e a pimenta.
3. Coloque o cuscuz no recipiente em que será servido. Ferva novamente o caldo e verta sobre o cuscuz, tampe e deixe abafar por 5 minutos, até que o grão hidrate. Regue com azeite e misture com um garfo.
4. Coloque o refogado de cenoura por cima do cuscuz, salpique amêndoas e sirva imediatamente.

Nesta receita as cebolas são caramelizadas naturalmente através de um processo de degradação de açúcares presentes na sua composição. No cozimento à temperatura elevada, toda a água da cebola se evapora, deixando seu sabor particularmente doce e delicioso.

cebola
Mandioquinha
alho-poró
Pimenta
tomate
maduro
leeko

Rösti de mandioquinha com molho de funghi

35-45 min (3 PORÇÕES)

3 mandioquinhas (batata-baroa)
3 batatas
2 cebolas
noz-moscada
1 colher (sopa) de manteiga ou ghee (p. 20)
2 tomates cortados em cubinhos
parmesão ralado a gosto
sal
pimenta-do-reino

1. Lave e descasque as mandioquinhas e as batatas e rale no ralador médio.
2. Fatie as cebolas bem fininho e misture com as mandioquinhas e as batatas. Tempere com a pimenta, o sal e a noz-moscada.
3. Em uma frigideira antiaderente aquecida, coloque o ghee e deixe percorrer toda a superfície. Disponha metade do preparo na frigideira, acertando com a ajuda de uma colher. Coloque os tomates e o parmesão e então cubra com o restante da mistura.
4. Tampe e leve ao fogo médio por 5 minutos. Destampe, abaixe o fogo e deixe cozinhar. Quando formar uma casquinha na parte de baixo, vá soltando com uma espátula. Com a ajuda de um prato, vire o rösti para dourar o outro lado. Tampe e deixe cozinhar por mais 7 minutos. Destampe, deixe dourar e retire da panela.

Molho

1 xícara de funghi porcini
1 alho-poró em rodelinhas
1 pimenta-dedo-de-moça sem semente
1 xícara de creme de leite fresco
sal
salsinha fresca picada a gosto

Ferva 1 xícara de água e deixe os cogumelos em infusão por 15 minutos. Coe, reserve a água e pique os cogumelos. Em uma frigideira, doure-os com o alho-poró e a pimenta. Adicione o creme de leite e a água reservada dos cogumelos. Deixe cozinhar por 10 minutos em fogo baixo.

Montagem

Coloque o molho sobre o rösti, finalize com sal e salsinha e sirva.

Falafel

ou

30 min +1 noite (4 PORÇÕES)

1 xícara de grão-de-bico
1 cebola em cubos
½ maço de coentro fresco
½ xícara de salsinha fresca
uma boa pitada de pimenta-síria
7 unidades de coentro em grãos
suco de ½ limão
uma pitada de cominho em pó
sal marinho a gosto
uma pitada de canela em pó
½ colher (café) de fermento químico em pó
óleo de girassol ou ghee (p. 20) para fritar

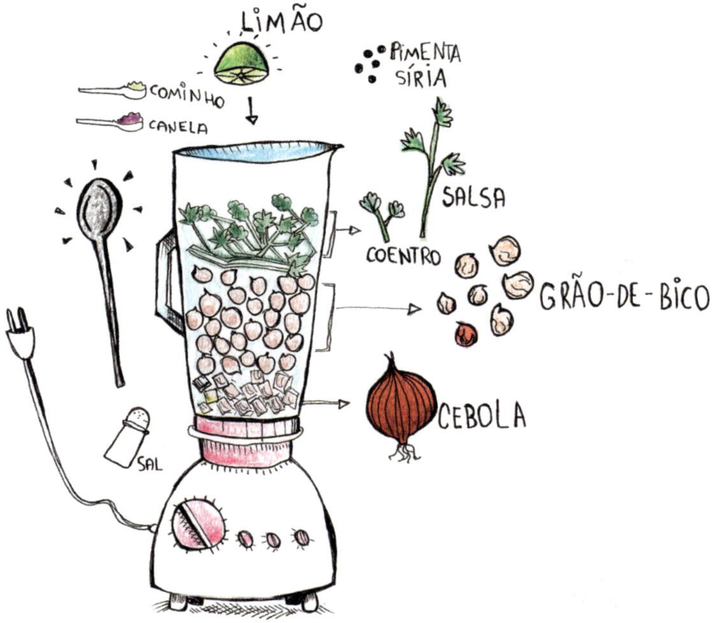

1 Deixe o grão-de-bico de molho por uma noite.
2 No dia seguinte, escorra a água do grão-de-bico.
3 No liquidificador ou em um processador de alimentos, coloque a cebola, o grão-de-bico e os demais ingredientes com ¼ de xícara de água mineral e processe até formar uma pasta.
4 Em uma frigideira coloque ½ dedo de óleo e aqueça.
5 Distribua colheradas de falafel e frite ambos os lados até dourar.
6 Descanse os bolinhos em um papel-toalha e sirva em seguida com tomate fresco, tahine, coalhada seca, pão ou arroz integral.

Dica: A pimenta-síria pode ser substituída por uma mistura de pimenta-do-reino, pimenta-da-jamaica, canela, cravo e noz-moscada

Hambúrguer de quinua

40-50 min (4 PORÇÕES)

100 g de quinua em grãos
½ colher (chá) de sal
3 raízes de cebolinha
1 pimenta-dedo-de-moça
½ xícara de manjericão fresco
¾ de xícara de salsinha
folhinhas de tomilho
3 colheres (sopa) de azeite extravirgem
2 colheres (sopa) de farinha de mandioca

1. Lave bem a quinua e cozinhe somente em água. Adicione o sal depois.
2. Pique as raízes de cebolinha, a pimenta e as ervas.
3. Aqueça bem uma frigideira, coloque o azeite e desligue o fogo.
4. Misture a pimenta e as ervas, envolvendo-as com o azeite.
5. Acrescente a quinua e a farinha e acerte o sal.
6. Molde os hambúrgueres com as mãos em formato de discos.
7. Em uma frigideira aquecida, derreta um pouco de óleo de coco ou azeite e doure os hambúrgueres de ambos os lados.

Hambúrger de milho com salsa de tomate picante

40-50 min (6 UNIDADES)

5 espigas de milho
1 ovo caipira
5 colheres (sopa) de coco ralado (opcional)
2 cebolas picadas
1 pimenta-dedo-de-moça sem as sementes, picadinha
1 pitada de canela em pó
2 colheres (sopa) de manjericão fresco picado
2 colheres (sopa) de cebolinha picada
farinha de milho
óleo de coco para dourar
sal

1 Debulhe o milho e cozinhe no vapor por 5 minutos. Bata metade do milho com o ovo, o coco e 5 colheres (sopa) de água no liquidificador, na função pulsar, até que fique pedaçudo.
2 Misture o restante dos ingredientes e por último a farinha, aos poucos, até atingir uma consistência moldável.
3 Molde os hambúrgueres e frite-os em pouca gordura.

Salsa de tomate picante

4 tomates bem maduros
1 pitada de páprica picante
5 colheres (sopa) de azeite extravirgem
orégano
2 colheres (sopa) de Molho de pimenta (p. 126)
sal

Corte os tomates em cubinhos e misture os demais temperos. Sirva fria sobre o hambúrguer, com rúcula e abacate maduro.

Quibe assado de abóbora recheado com coalhada seca

1h30 +1 noite (4 PORÇÕES)

1 xícara de triguilho (deixar de molho por 8 horas)
2 copos de purê de abóbora-japonesa
¼ de xícara de hortelã picada
¼ de xícara de salsinha picada
1 alho-poró picado
¼ de xícara de azeite extravirgem
1 pitada de canela
3 colheres (sopa) de gergelim torrado
sal
pimenta-síria a gosto

Recheio

½ copo de coalhada seca (p. 140)
1 colher (sopa) de tahine
2 colheres (sopa) de cebolinha picada
sal

1 Misture todos os ingredientes em um recipiente e acerte o tempero.
2 Para fazer o recheio, misture tudo também.

Montagem

Unte uma assadeira com azeite e coloque uma camada com meia porção do preparo de quibe, outra com todo o recheio e finalize com a outra parte do quibe. Regue com azeite e asse a 180°C até a superfície ficar firme.

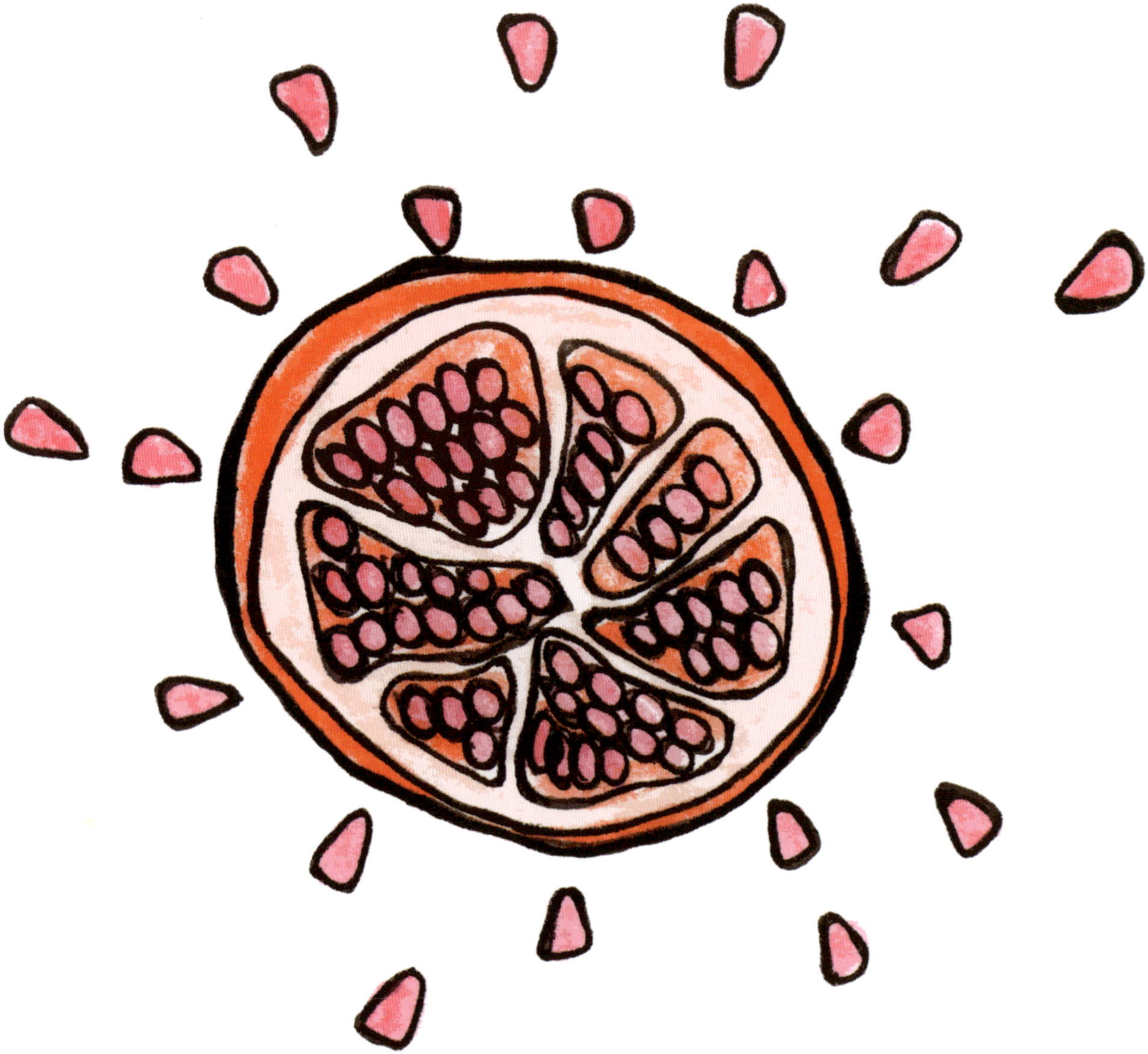

Vinagrete de romã

10 min (3 PORÇÕES)

1 romã
⅓ de xícara de azeite extravirgem
1 colher (sopa) de água
¼ de colher (sopa) de melado de romã ou melado de cana
1 colher (sopa) de suco de limão-siciliano
sal

Corte a romã ao meio e, com a ajuda de um espremedor de laranjas, esprema as metades. Extraia todo o suco que conseguir. Misture com os demais ingredientes e acerte os temperos. Sirva com folhas e rabanetes.

Salada de pupunha marinada

40 min (4 PORÇÕES)

2 unidades de 20 cm de palmito pupunha
2 tomates maduros
½ xícara de manjericão
¼ de xícara de salsa
⅓ de xícara de amêndoas germinadas
8 colheres (sopa) de azeite
1 dente de alho pequeno
suco de 1 limão
1 pimenta-dedo-de-moça
folhas verdes
sal

1 Corte o palmito em cubos e reserve. Tire as sementes dos tomates, pique-os em cubos e junte-os ao palmito.

2 Em um processador de alimentos, coloque as ervas, as amêndoas, o azeite, o alho, o suco de limão e processe até obter uma consistência cremosa. Misture com o palmito e o tomate.

3 Corte a pimenta ao meio, retire as sementes e corte-a em cubos pequenos. Adicione também ao preparo. Acerte o sal.

4 Lave bem as folhas, retire o excesso de água e faça uma cama em uma travessa.

5 Coloque a salada de pupunha no centro e decore com folhinhas de manjericão.

Salada de quinua, cevada, amaranto e amêndoas

1h30 + 1 noite (4 A 5 PORÇÕES)

½ xícara de amêndoas germinadas
½ xícara de quinua
½ xícara de amaranto
¾ de xícara de cevada deixada de molho por 8 horas
3 colheres (sopa) de azeite extravirgem
½ xícara de tomate em cubos
1 cebola roxa em cubinhos
1 pimenta-dedo-de-moça sem sementes, em cubinhos
1 colher (sopa) de salsinha picada
1 colher (sopa) de manjericão picado
1 colher (sopa) de suco de limão
rúcula ou brotos
ramos de tomilho
sal

1 Germine as amêndoas (p. 172) e retire a pele.
2 Cozinhe a quinua e o amaranto, separadamente, por mais ou menos 15 minutos, e a cevada, por 20 minutos.
3 Escorra os grãos em água corrente e misture com os demais ingredientes.
4 Tempere a salada e decore com o tomilho.
5 Sirva com rúcula ou brotos (p. 180), em temperatura ambiente.

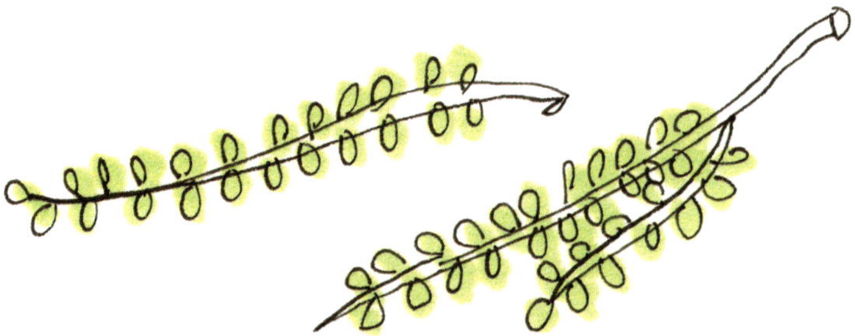

Lentilha cozida com coco fresco

1 h (6 PORÇÕES)
3 dentes de alho
1 colher (chá) de cúrcuma em pó
1 rama de canela
2 colheres (chá) de gengibre ralado
2 xícaras de lentilhas (podem ser dos tipos verde, rosa ou rajada)
3 inhames picadinhos
1 tomate em cubos
3 colheres (sopa) de salsinha fresca picada
1 xícara de coco fresco ralado
1 colher (sopa) de óleo de coco
sal

1. Aqueça uma panela e doure o alho, a cúrcuma, a canela e o gengibre. Logo após, acrescente as lentilhas e os inhames, mexa bem e cubra com água quente.
2. Assim que levantar fervura, abaixe o fogo, adicione o sal e cozinhe até as lentilhas ficarem macias.
3. Acrescente o tomate, a salsinha e o coco ralado.
4. Passe 2 conchas do cozido no liquidificador para engrossar.
5. Devolva para a panela, acerte o sal e sirva.

Sopa creme de cenoura e laranja

1 h (3 PORÇÕES)

1 colher (sopa) de óleo de coco
2 cebolas picadas
1 talo de salsão picado
1 pedaço pequeno de gengibre picadinho
1 colher (chá) de cominho em grãos
2 folhas de louro
500 g de cenouras descascadas e picadas em rodelas
suco de 4 laranjas-pera
1 punhado de cebolinha picada
sal e pimenta-branca a gosto

1. Aqueça a panela, acrescente o óleo e logo a cebola, o salsão, o gengibre, o cominho e o louro. Misture por uns minutos e junte a cenoura. Refogue até soltar um cheiro bom.
2. Acrescente o suco de laranja (não deixe as sementes escaparem para dentro da panela, caso contrário o preparo ficará amargo) e 4 copos de água. Adicione sal.
3. Assim que ferver, abaixe bem o fogo e cozinhe por 30 minutos para que os sabores se envolvam.
4. Passe no liquidificador e leve de volta para a panela. Aqueça novamente até que a sopa fique encorpada.
5. Acrescente a cebolinha, acerte o sal e a pimenta e sirva imediatamente.

Sopinha de CENOURA com LARANJA
Gosto de FAZER PARA RECEBER OS AMIGOS.
NA PANELA DE BARRO EM FOGO LENTO ENQUANTO O PÃO CRESCE... A SOPA VAI COZINHANDO...

Hambúrguer de amaranto

40-50 min (4 PORÇÕES)

1 batata-doce grande
¾ de xícara de amaranto
1 ovo caipira
4 colheres (sopa) de farinha de mandioca
suco de 2 limões
1 pimenta-dedo-de-moça picadinha sem as sementes
1 pimenta-de-cheiro picadinha sem as sementes
2 colheres (sopa) de manjericão picado
1 alho-poró picadinho
1 alho amassado
½ colher (chá) de cominho em pó
3 colheres (sopa) de azeite
sal e pimenta-do-reino

1. Asse a batata-doce inteira a 200°C até ficar macia. Esfrie, retire a casca e amasse.
2. Cozinhe o amaranto em duas xícaras de água por 20 minutos ou até que fique bem cozido. Escorra bem em uma peneira, caso fique algum líquido.
3. Misture todos os ingredientes e dê o ponto de hambúrguer com a farinha.
4. Molde os hambúrgueres com as mãos e frite de ambos os lados em uma frigideira bem quente com pouca gordura.

Sugestão: Sirva com salada, arroz, Pimentão marinado (p. 62) e Molho de pimenta (p. 126).

Risoto de aspargos

1 h (4 PORÇÕES)

1½ litro de caldo de legumes (p. 19)
2 maços de aspargos
3 colheres (sopa) de ghee (p. 20)
1 xícara de castanha-do-pará
3 dentes de alho sem casca
1 alho-poró em rodelas
1 folha de louro
1 pimenta-dedo-de-moça picada sem sementes
500 g de arroz arbório ou carnaroli
1 taça de vinho chardonnay
½ xícara de queijo parmesão ou grana padano ralado
1 colher (sopa) de manteiga
3 colheres (sopa) de manjericão fresco picado
sal e pimenta-do-reino a gosto
Opcional: 3 colheres (sopa) de queijo mascarpone

1 Coloque o caldo de legumes e o sal para ferver em uma panela e mantenha-o quente.
2 Lave bem os aspargos e retire a parte mais fibrosa do talo. Junte-as ao caldo.
3 Fatie os aspargos em rodelas de 1 cm e deixe a parte floral da ponta inteira.
4 Refogue-os em um pouco de ghee até ficarem crocantes. Reserve.
5 Corte as castanhas em lâminas e toste-as no forno com sal; reserve.
6 Refogue o alho, o alho-poró, o louro e a pimenta, até dourar levemente. Adicione o arroz e frite-o por 5 minutos. Acrescente o vinho e mexa bem até evaporar todo o líquido.
7 Aos poucos, adicione o caldo e mexa bem. Prossiga acrescentando o caldo e mexa sempre para que o arroz solte todo o amido.
8 Após 15 minutos, experimente o risoto e verifique se está *al dente*.
9 Desligue o fogo, acrescente o sal, a pimenta, o queijo ralado, os aspargos refogados, a manteiga, o manjericão fresco e o mascarpone. Mexa bem e, se necessário, acrescente mais uma colher de caldo.
10 Finalize com as castanhas tostadas por cima e sirva imediatamente.

Risoto de abóbora com cogumelos

1 h (4 PORÇÕES)

1½ litro de caldo de legumes (p. 19)
1 rama de canela
½ abóbora-japonesa sem casca
¼ de moranga madura sem casca
½ xícara de funghi porcini
1 bandeja de cogumelos shitake
3 colheres (sopa) de ghee (p. 20)
1 alho-poró em rodelas
1 cebola em cubinhos
1 folha de louro
500 g de arroz arbório ou carnaroli
1 taça de vinho chardonnay
1 xícara de queijo parmesão ou grana padano ralado
1 colher (sopa) de manteiga
3 colheres (sopa) de salsinha fresca picada
sal e pimenta-do-reino a gosto

1 Coloque o caldo de legumes temperado com o sal e a canela para ferver e mantenha-o quente. Cozinhe as abóboras em vapor até ficarem macias, faça um purê e reserve.

2 Ferva 1 xícara de água e verta sobre o funghi. Deixe infusionar por 10 minutos. Coe a água e adicione-a ao caldo. Pique os cogumelos e refogue-os com um pouco de ghee. Acerte o sal e reserve essa mistura para o fim do preparo.

3 Aqueça uma panela e refogue o alho-poró no ghee com a cebola e o louro até ficarem transparentes. Adicione o arroz e frite-o por uns 5 minutos. Acrescente o vinho e mexa bem até evaporar.

4 Adicione o caldo de legumes aos poucos e mexa bem. Prossiga acrescentando conchas de caldo e mexendo sempre, para que o arroz solte todo o amido e deixe o preparo cremoso. Após 10 minutos, acrescente o purê de abóbora.

5 Cozinhe por mais 5 minutos até ficar *al dente*. Quando estiver cozido, desligue o fogo e acrescente o sal, a pimenta, o queijo ralado, os cogumelos refogados, a manteiga e a salsinha. Mexa bem e, se necessário, adicione mais uma colher de caldo. Sirva imediatamente.

Lasanha de pupunha, espinafre e tomate

2-3 h (5 PORÇÕES)

Massa

240 g de farinha de trigo
100 g de farinha de trigo integral
3 ou 4 ovos
sal

1. Faça um vulcão com as farinhas e o sal, coloque os ovos no centro e misture delicadamente. Forme uma bola de massa e deixe-a descansar por 30 minutos.
2. Com um rolo de macarrão, abra a massa bem fina e corte-a em tiras retangulares. Se ficar muito úmida e grudenta, polvilhe farinha.
3. Cozinhe as tiras da massa em água fervente e salgada. Coloque-as delicadamente sobre um pano limpo, retirando o excesso de água.

Recheio de ricota

200 g de queijo grana padano ralado
¾ de xícara de pão duro ralado
300 g de ricota fresca

Misture o queijo ralado com o pão e reserve. Amasse a ricota e tempere-a com azeite, sal, salsinha e pimenta.

Molho vermelho

1 kg de tomates sem casca
4 dentes de alho
folhas de manjericão
sal e pimenta a gosto

Pique os tomates e reserve. Refogue os dentes de alho descascados, porém inteiros, com um punhado de folhas de manjericão até exalar um cheiro incrível. Adicione os tomates e mexa bem. Reduza o fogo e cozinhe por 10 minutos. Acerte o sal, a pimenta e adicione manjericão fresco a gosto.

Molho de espinafre

1 maço de espinafre
2 colheres (sopa) de ghee (p. 20)
2 colheres (sopa) de farinha de trigo
800 ml de leite
1 cebola piquée (p. 15)
noz-moscada
azeite
1 alho-poró
1 cebola
2 palmitos pupunha em cubos
1 pimenta-dedo-de-moça sem sementes
salsinha fresca
sal e pimenta-do-reino

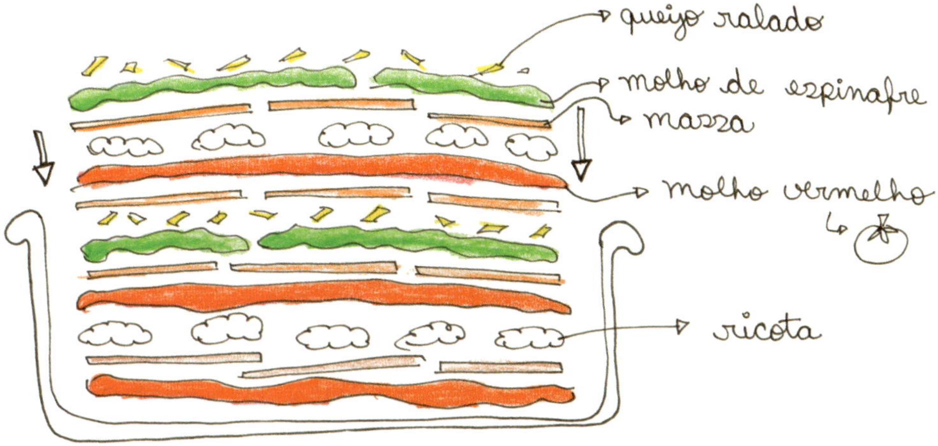

1 Lave o espinafre, pique e reserve. Em uma panela funda, derreta o ghee e dê uma fritadinha na farinha, mexendo bem. Se você tiver um fouet, será muito útil deste momento em diante. Acrescente o leite aos poucos e vá mexendo ao mesmo tempo. Fique atento para não empelotar.

2 Assim que incorporar todo o leite, abaixe o fogo e adicione a cebola piquée. Cozinhe em fogo baixo por 8 minutos. Mexa de vez em quando para não grudar no fundo da panela. Finalize com o sal, a pimenta e a noz-moscada ralada na hora. Retire a cebola.

3 Em uma frigideira de fundo grosso com azeite, doure o alho-poró, a cebola e o palmito. Adicione o molho branco com o espinafre, a pimenta cortada em cubinhos e a salsinha. Acerte o sal e a pimenta e reserve.

Montagem

Forre o fundo de uma fôrma refratária com ⅓ de molho vermelho e coloque uma camada de massa. Distribua uma camada de ricota, ponha mais molho vermelho e mais massa. Coloque o molho de espinafre, salpique o queijo ralado e ponha novamente a massa. Termine o molho vermelho, a ricota e coloque mais uma camada de massa. Finalize a sequência espalhando o molho de espinafre. Salpique delicadamente um pouco de queijo ralado e leve para assar em forno bem quente por 10 minutos ou até dourar.

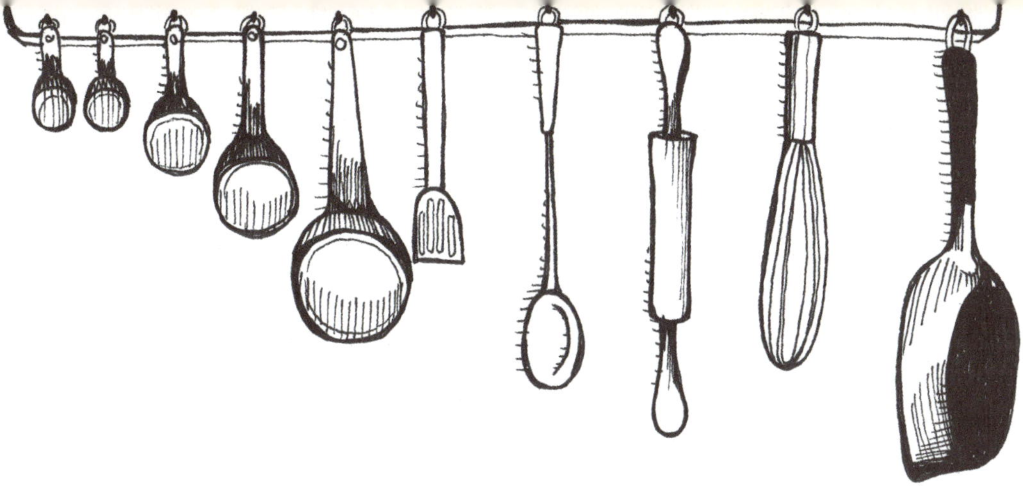

Ravióli de queijo de cabra e tapenade

2 h (4 PORÇÕES)

Massa

250 g de farinha de trigo
100 g de farinha de trigo integral
3 a 4 ovos
1 fio de azeite extravirgem
sal

Recheio

1 xícara de Queijinho de cabra com azeite (p. 56) ou queijo de cabra tipo boursin
tomilho fresco

Molho

5 tomates maduros
5 colheres (sopa) de Tapenade (p. 61)
rúcula picada
azeite extravirgem
pimenta-do-reino

Massa

1 Faça um vulcão com as farinhas e o sal, coloque os ovos no centro com o azeite e misture delicadamente.
2 Forme uma bola com a massa e deixe-a descansar por 30 minutos.
3 Com a ajuda de um rolo ou com uma máquina de macarrão, abra a massa bem fina.
4 Corte discos com um aro redondo ou copo.
5 Manipule a massa polvilhando farinha para que ela não grude.

Raviólis

1 Recheie os discos com o queijo e as folhinhas de tomilho.
2 Passe água em toda a borda com o dedo e feche com outro disco, pressionando levemente as laterais para selar a massa. Repita esse processo com toda a massa.
3 Cozinhe os raviólis em água e sal por 2 a 3 minutos, escorra e reserve.

Molho

1 Lave bem a rúcula e pique bem fininho.
2 Corte os tomates em cubos e reserve.

Montagem

Passe os raviólis no tapenade e finalize com o tomate, a rúcula, o azeite e a pimenta-do-reino. Sirva imediatamente.

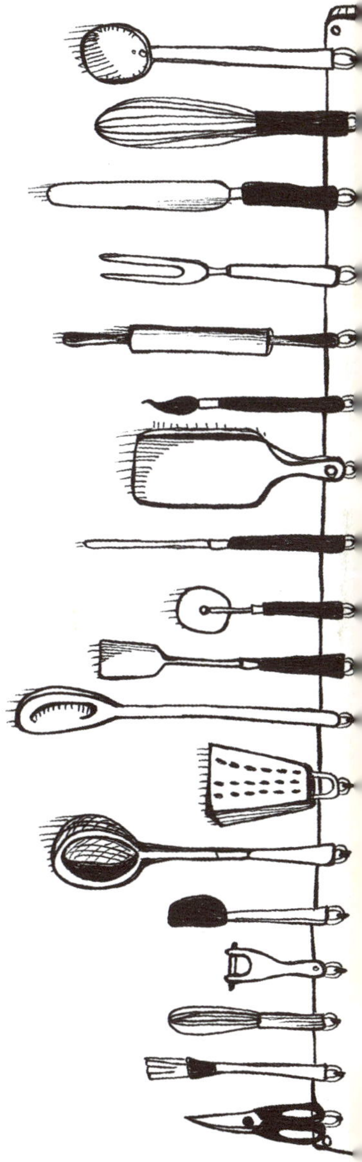

Arroz cateto integral

1 h (6 PORÇÕES)

2 xícaras de arroz cateto integral claro
1 folha de louro
1 colher (chá) de sal

1 Lave o arroz, escorra bem e reserve.
2 Na panela de pressão, toste o arroz com o louro por 5 minutos e coloque 4 xícaras de água fervente e o sal.
3 Ao ferver, tampe a panela. Quando a pressão começar, abaixe o fogo e cozinhe por 25 minutos. Desligue o fogo e deixe tampado por 30 minutos.

Atenção: Quanto maior a quantidade de arroz, menor o volume de água. Para fazer em panela comum ou de barro, aumente a quantidade de água para 6 xícaras.

Estrogonofe de cogumelos

30 min (3 A 4 PORÇÕES)

1 alho-poró em rodelas
1 cebola em cubos
1 talo de salsão em cubos
manjericão fresco
2 colheres (sopa) de ghee (p. 20)
500 g de tomate italiano maduro
500 g de cogumelos-de-paris frescos em quartos
200 ml de creme de leite fresco
noz-moscada
sal

1 Refogue o alho-poró, a cebola, o salsão e o manjericão no ghee até dourar. Adicione o tomate em cubos e cozinhe até ficar pastoso.

2 Acrescente os cogumelos e o creme de leite, espere levantar fervura, abaixe o fogo e cozinhe por 5 minutos. Adicione a noz-moscada, o manjericão fresco e acerte o sal e a pimenta.

3 Sirva com Arroz cateto integral (p. 117) e salada verde.

tomates
rodelas de alho-poró
manjericão do jardim
cogumelo de comer
alho-poró
noz-moscada

Sopa paraguaia*

1 h (4 PORÇÕES)
13 espigas de milho
5 ovos caipiras
3 cebolas em rodelas
4 tomates em cubos
1 copo de queijo minas fresco amassado
2 colheres (sopa) de cebolinha picada
noz-moscada a gosto
1 pitada de canela
manjericão fresco
sal
pimenta-do-reino

1 No liquidificador, coloque o milho debulhado, os ovos e ½ copo de água; processe.
2 Refogue a cebola até dourar bem e misture ao preparo de milho. Acrescente os demais ingredientes e coloque em uma fôrma untada com azeite.
3 Asse em forno preaquecido a 180°C por 30 minutos ou até ficar firme na superfície.

É um assado de milho típico da culinária do Mato Grosso do Sul. Tem este nome pois surgiu durante a guerra entre Brasil e Paraguai. Os soldados precisavam levar um alimento consistente e que não estragasse durante a disputa. A "sopa" de milho então foi engrossada e finalizada no forno, como uma espécie de sopa assada. É um prato vegetariano típico da culinária brasileira, delicioso e supernutritivo. A analogia do nome "sopa paraguaia" se deve também à relação entre o Paraguai e produtos ou objetos falsificados – no caso, esta sopa não é uma sopa!
Experimente também com queijo meia-cura e troque a cebola por alho-poró. Não existe uma receita oficial, e sim as tradicionais de cada casa ou família.

Moqueca de banana-da-terra

2 h (4 PORÇÕES)

1 kg de banana-da-terra madura
2 limões
2 dentes de alho amassados
2 pimentas-dedo-de-moça
3 cebolas em rodelas
1 pimentão vermelho em rodelas
1 pimentão amarelo em rodelas
5 tomates maduros em cubos
azeite extravirgem
coentro fresco picado
salsinha fresca picada
manjericão gigante picado
1 xícara de leite de coco
azeite de dendê (opcional)
sal

1 Corte as bananas ao meio, no sentido longitudinal, formando pedaços de 10 cm. Esprema o limão, adicione o alho, a pimenta, o sal e deixe marinar por 1 hora.
2 Refogue a cebola com os pimentões e os tomates no azeite. Desligue o fogo e adicione as ervas.

Montagem

1 Em uma panela de barro, faça uma cama com metade do refogado. Coloque a banana e, em seguida, o resto do refogado.
2 Por último coloque o leite de coco e cozinhe por 20 minutos em fogo baixo. Deixe a tampa semiaberta para manter a integridade dos sabores.
3 Finalize com azeite extravirgem ou de dendê e coentro fresco.
4 Sirva com Arroz cateto integral (p. 109).

Curry thai com cogumelos

1-2 h (4 PORÇÕES)

1 cenoura
1 alho-poró
1 inhame
1 cebola
1 pimentão vermelho sem as sementes
2 tomates
⅕ de moranga vermelha
1 batata-doce
2 pimentas-dedo-de-moça
1 pimenta-de-cheiro
1 raiz de coentro
10 cm de raiz de capim-limão
1 cm de gengibre
2 colheres (sopa) de óleo de coco
200 ml de leite de coco
2 colheres (sopa) de shoyu
200 g de cogumelos-de-paris cortados em quatro
coentro fresco picado
manjericão fresco picado
lascas de ½ coco fresco
sal

1 Pique a cenoura e o alho-poró em meia-lua, e o inhame, a cebola, o pimentão, os tomates, a moranga e a batata-doce em cubos médios.

2 Faça um corte nas pimentas de comprido, raspe as sementinhas fora e dispense. Pique as pimentas em brunoise. Lave bem a raiz de coentro e o capim-limão e fatie em finas rodelas. Descasque o gengibre e pique em brunoise.

3 Aqueça uma panela de boca larga, de preferência uma wok ou uma frigideira grande. Adicione o óleo de coco e comece fritando a cebola, o alho-poró, as pimentas, o gengibre, o capim-limão e a raiz de coentro. Deixe o fogo alto e acrescente o pimentão e as raízes: cenoura, batata e inhame. Doure por 5 minutos e logo acrescente a moranga e o cogumelo, mexendo por mais 5 minutos.

4 Misture o leite de coco com ½ xícara de água, o shoyu e acrescente tudo ao preparo de legumes. Mexa até que o líquido engrosse levemente.

5 Adicione as ervas e o tomate. Mexa bem, junte o sal e coloque todo o preparo em um recipiente refratário. Asse por 15 minutos a 200°C. Enquanto isso, toste as lascas do coco em uma assadeira na parte de baixo do forno.

6 Sirva o curry com as lascas de coco por cima, acompanhado de arroz.

MOLHO DE PIMENTA

15 min (1 XÍCARA)

(LEVE)

(PARA ACOMPANHAR)

- 5 PIMENTAS-DEDO-DE-MOÇA
- 200 ML DE AZEITE EXTRAVIRGEM
- 3 DENTES DE ALHO
- 1 RAMO DE MANJERICÃO
- SAL

CORTE AS PIMENTAS NO SENTIDO DO COMPRIMENTO E, COM UMA COLHER, RASPE AS SEMENTES FORA

FATIE AS PIMENTAS FININHO

AQUEÇA UMA FRIGIDEIRA E COLOQUE 1 COLHER DO AZEITE, DOURE O ALHO, O MANJERICÃO E AS PIMENTAS

DESLIGUE O FOGO E ADICIONE O RESTANTE DO AZEITE E O SAL

Para adoçar

Taça de frutas

20 min (2 PORÇÕES)

1 colher (sopa) de cacau em pó
1 colher (sopa) óleo de coco ou óleo de girassol
1 colher (sopa) de açúcar mascavo
2 colheres (sopa) de geleia de jabuticaba ou amora
4 colheres (sopa) de iogurte natural
1 manga madura em cubos
4 colheres (sopa) de coco fresco ralado e torrado

1 Misture o cacau com o óleo de coco, 2 colheres (sopa) de água e o açúcar e leve ao fogo em uma frigideira pequena, até ficar homogêneo. Reserve.

2 Em um copo longo coloque a geleia no fundo, seguida do iogurte e da manga.

3 Finalize com a mistura de cacau e o coco ralado.

Docinho de ameixa e coco

20 min (20 UNIDADES)

1 xícara de ameixas secas picadas
⅓ de xícara de coco fresco ralado
1 colher (chá) de óleo de coco
raspas e suco de limão

Misture tudo, amassando bem.Unte as mãos com óleo de coco e faça bolinhas, passando pelo coco ralado para finalizar.

Docinho de tâmara, cacau e pecã

20 min (20 UNIDADES)

1 xícara de tâmaras sem caroço picadas
uma pitada de canela
½ xícara de nozes-pecãs picadas
uma pitada de cardamomo em pó
½ colher (sopa) de cacau em pó

Misture tudo, amassando bem. Faça bolinhas e passe pelas nozes picadas para finalizar.

Docinho de damasco, laranja e coco

20 min (20 UNIDADES)

1 xícara de damascos turcos picados
suco e raspas de 1 laranja-pera
1 pitada de gengibre em pó
½ xícara de coco ralado
1 colher (chá) de óleo de coco

Misture tudo, amassando bem. Unte as mãos com óleo de coco e faça bolinhas, passando pelo coco ralado para finalizar.

Damasco, laranja e coco
Tâmara, cacau e pecã
Ameixa e coco

Trufas

2-3 h (15 UNIDADES)
100 g de creme de leite fresco
200 g de chocolate meio amargo
de qualidade picado

1 Coloque o creme de leite em uma panela e espere levantar fervura. Desligue e adicione o chocolate picado. Mexa até formar um creme denso.
2 Deixe esfriar, cubra e coloque na geladeira até endurecer.
3 Unte as mãos com óleo de coco e, com a ajuda de uma colher, forme bolinhas com o creme de chocolate.
4 Disponha as bolinhas em um prato untado, cubra e leve ao congelador.

Cobertura

50 g de cacau
100 g de chocolate meio amargo
de qualidade picado

Derreta o chocolate em banho-maria. Tome muito cuidado para não pingar água no chocolate e no cacau.

Montagem

1 Com uma colher mergulhe as bolinhas consistentes que estavam no freezer na cobertura. Toda a superfície da trufa deve ficar envolta em chocolate.
2 Com um garfo escorra bem o excesso de chocolate e coloque cada bolinha em um prato forrado de cacau.
3 Cubra a trufa com cacau e não mexa até que o chocolate endureça. Repita o processo com todas as bolinhas.
4 Guarde as trufas em um recipiente bem fechado na geladeira.

Dica: Se quiser enriquecer as trufas, experimente substituir o cacau por pistache picado.
Validade: Até dois meses na geladeira.

Rosas lindas, cheirosas e afrodisíacas

Você já pensou em comer rosas? Essas flores eram largamente consumidas na Antiguidade por grandes civilizações, como a grega, a egípcia e a romana. Famosas entre as mulheres de poder, as rosas eram usadas para forrar o leito de Cleópatra em noites especiais, e a rainha Elizabeth I adorava degustar seu envolvente sabor.

Existe uma bela lenda da mitologia grega que conta o surgimento da rosa. Afrodite, deusa do amor, da primavera e das flores, havia se apaixonado por Adônis, filho de um rei. Um belo dia, a contragosto da amada, o príncipe foi caçar na floresta e acabou sendo morto por um javali manipulado por Ares, amante de Afrodite. Ela, aflita, saiu em busca do amado pela floresta e, ao adentrar a mata, alguns arbustos espinhosos perfuraram sua pele. As gotas de sangue que caíram na terra deram origem à roseira que ali brotou. Sob as lamentações de Afrodite, Zeus trouxe Adônis de volta à vida e assim todos viveram felizes para sempre.

E eis que temos a rosa, um dos ingredientes mais charmosos deste planeta. Pode parecer um pouco estranho ler a frase "comer uma rosa", pois a flor remete mais a um buquê de dia dos namorados do que a um prato salpicado com pétalas. Apesar de serem cultivadas e consumidas em grande quantidade nas floriculturas, perdemos o hábito de colocá-las à mesa como mais um ingrediente. Na verdade, é bom que ninguém saia por aí colocando as rosas que ganhou do namorado na salada. Hoje a propriedade decorativa das rosas é tão difundida que elas se tornaram vítimas de fertilizantes e adubos químicos, que combatem pragas e potencializam sua beleza. Essas rosas, definitivamente, não são comestíveis e nem sabor apresentam! Rosas de comer precisam ser cultivadas sem fertilizantes químicos para que possamos desfrutá-las. Mas qual o sabor de uma rosa? Garanto que, com sua textura aveludada e aroma sedutor, ela já é muito envolvente antes mesmo de você mastigá-la. Algumas rosas quase não têm gosto, enquanto outras são bem florais e de sabor único, leve mas ao mesmo tempo marcante. Você pode salpicá-las em uma salada, torta de frutas e até mesmo adicioná-las picadinhas a uma massa de pão!

Para não dizer que elas são apenas lindas, sensuais e saborosas, as rosas são ricas em vitamina C, produzem um chá ótimo contra infecções respiratórias, possuem propriedades calmantes e, é claro, são afrodisíacas.

Pétalas de rosa cristalizadas

3-12 h

pétalas de rosas
açúcar cristal
clara de ovo
papel-manteiga

1 Forre uma forma com papel-manteiga e deixe separada.
2 Coloque em 4 recipientes separados: as pétalas, o açúcar, um pouco de água e a clara de ovo levemente batida com um batedor (fouet).
3 Pegue pétala por pétala, passe pela clara (1) e em seguida pelo açúcar (2), cobrindo toda a superfície. Então disponha-as sobre o papel-manteiga (3). Lave os dedos no recipiente com água e repita o processo com o restante das pétalas.
4 Seque ao sol ou asse em fogo mínimo, colocando uma colher de pau na porta do forno para que ele fique levemente aberto. No sol o processo leva um dia inteiro ou mais; já no forno dura cerca de 3 horas.
5 Sirva com chá ou utilize para decorar bolos e tortas doces.

1

2

3

Creminho de morango

20 min + 2 dias (6 PORÇÕES)

1 receita de Iogurte natural (p. 33), feita com 3 litros de leite tipo A
400 g de morangos
5 colheres (sopa) de açúcar demerara
suco de ½ limão-cravo ou rosa
tecido de algodão limpo ou voal

1 Faça o iogurte natural com o leite seguindo os procedimentos da p. 33.

2 Assim que o iogurte estiver pronto, pegue o tecido e forre um recipiente, deixando as pontas para fora (1). Verta o iogurte para dentro e una as pontas para formar uma trouxinha (2). Amarre e deixe escorrer o soro de um a dois dias, com um recipiente embaixo. Neste ponto, você tem uma coalhada seca (3).

3 Leve os morangos com o açúcar e o suco do limão ao fogo alto por 5 minutos, até que cozinhem levemente.

4 Em um liquidificador, coloque a coalhada e os morangos já frios e bata até formar um creme homogêneo.

5 Ponha a mistura em copinhos e leve para gelar por no mínimo 4 horas.

6 Sirva puro ou como acompanhamento de granola.

Biscoitinho de amaranto com coco e ameixa. (p. 145)

Biscoitinho de amaranto com coco e ameixa

30-40 min (20 UNIDADES)

100 g de manteiga
100 g de açúcar mascavo
100 g de açúcar demerara
1 ovo
1 colher (sopa) de suco de laranja
100 g de flocos de amaranto
60 g de flocos de aveia
50 g de farinha de trigo integral
50 g de farinha de trigo
½ colher (chá) de sal
½ colher (chá) de bicarbonato de sódio
1 colher (café) de canela em pó
1 colher (sopa) de raspas de laranja
120 g de ameixas secas em cubinhos
1 xícara de coco fresco ralado

1. Aqueça o forno a 180°C.
2. Deixe a manteiga fora da geladeira até atingir a consistência de pomada. Coloque-a em um recipiente com os açúcares e mexa com uma colher de pau até ficar bem homogêneo.
3. Adicione o ovo, o suco e mexa bem até incorporar. Acrescente os flocos.
4. Peneire as farinhas, o sal e o bicarbonato na massa. Mexa delicadamente. Por último, adicione a canela, as raspas de laranja, as ameixas e o coco.
5. Unte uma assadeira com manteiga e farinha. Com a mão untada, molde esferas de 3 cm de biscoito e coloque na forma. Deixe um espaço de 2 cm, no mínimo, entre cada biscoito, pois quando assarem vão crescer e se esparramar levemente. Asse por 15 minutos ou até dourar.
6. Esfrie os biscoitos em uma grade. Guarde em um pote de vidro hermético por até três semanas.

Brownie me lembra a infância. Quando eu era criança, meu pai tinha um café e a maioria dos quitutes eram feitos em casa. O brownie era o meu predileto. Fica delicioso quentinho, com sorvete e fruta madura.

Brownie de chocolate

1 h (8 PEDAÇOS)

120 g de chocolate meio amargo
170 g de manteiga sem sal
25 g de cacau
4 ovos caipiras
150 g de açúcar mascavo
150 g de açúcar demerara
1 colher (chá) de essência de baunilha
15 g de farinha de trigo*
1 pitada de sal
110 g de nozes picadas

Cobertura opcional

200 g de chocolate meio amargo ou com 60% cacau

Derreta o chocolate em banho-maria.

1 Ligue o forno a 180°C.
2 Derreta o chocolate com a manteiga em banho-maria e reserve.
3 Misture o cacau, os ovos, os açúcares peneirados e a essência de baunilha. Mexa bem e adicione ao preparo de chocolate.
4 Adicione a farinha e o sal delicadamente, e, por último, as nozes.
5 Asse por 35 minutos ou até que um palito de madeira, quando espetado no bolo, saia limpo. Cuidado para não assar demais.

Montagem opicional

Despeje a cobertura sobre o brownie assado.

* Pode substituir por farinha de arroz caso queira um brownie sem glúten.

OVO CAIPIRA
CACAU
AÇÚCAR MASCAVO
MANTEIGA
NOZES
SAL
CHOCOLATE
FARINHA
BAUNILHA

Bolo de chocolate com cupuaçu (p. 150)

Bolo de chocolate com cupuaçu

2 h (10 PEDAÇOS)

Massa

4 bananas-nanicas maduras
4 ovos
1 xícara de óleo ou ghee (p. 20)
4 colheres (sopa) de cacau
1 xícara de farinha de trigo
1 xícara de farinha de trigo integral
1½ xícara de açúcar mascavo
2 colheres (chá) de canela em pó
1 colher (café) de gengibre em pó
1 pitada de sal
4 colheres (chá) de fermento químico

1. Bata as bananas, os ovos e o óleo ou o ghee no liquidificador até obter uma consistência cremosa.
2. Adicione os outros ingredientes peneirados e misture bem.
3. Coloque a massa em uma fôrma untada e asse em forno médio. *Para saber se está bom, faça o teste do palitinho de madeira: ao ser espetado no bolo, ele deve sair limpo.*

Recheio

1 cupuaçu maduro
½ xícara de açúcar demerara
½ xícara de água mineral

Retire a polpa do cupuaçu com a ajuda de uma tesoura, separe as sementes e descarte. Coloque a polpa e o açúcar em uma panela e cozinhe em fogo baixo, até o doce caramelizar um pouco, adicionando água se necessário. Deixe esfriar e reserve.

Cobertura

200 g de creme de leite fresco
polpa de 2 maracujás
400 g de chocolate meio amargo

Pique bem o chocolate e reserve. Aqueça o creme de leite com o maracujá em uma frigideira. Quando ferver, desligue o fogo e acrescente o chocolate. Mexa até ficar homogêneo. Coloque na geladeira até que a consistência esteja boa para cobrir o bolo.

Montagem

Corte a massa do bolo em três camadas da mesma espessura, com a ajuda de uma faca de pão. Intercale as camadas com o doce de cupuaçu e cubra todo o bolo com a cobertura de chocolate. Para decorar, use as costas de uma colher.

Bolo incrível

1h30 (8 PEDAÇOS)

90 g de uvas-passas
1 colher (sopa) de chá-preto
1 cenoura
185 g de açúcar mascavo
90 g de farinha de trigo
35 g de farinha de trigo integral
1 colher (chá) de canela em pó
1 colher (sopa) de raspas de laranja
4 colheres (sopa) de coco ralado
2 colheres (chá) de fermento químico
1 pitada de sal
70 g de castanha-do-pará picada
2 ovos
100 g de manteiga

Cobertura

150 g de queijo cremoso tipo cream cheese
70 g de açúcar demerara
1 colher (sopa) de manteiga sem sal
suco de ½ limão

Misture bem os ingredientes em uma batedeira com globo ou com um fouet.

1. Deixe as uvas-passas de molho em água por 1 hora. Enquanto isso, passe o chá em um processador, até virar um pó. Se não tiver um processador, pique bem com uma faca.
2. Rale a cenoura em um recipiente e adicione o açúcar, as farinhas, a canela, o chá, as raspas de laranja, o coco, o fermento e o sal. Mexa bem.
3. Coloque as uvas-passas, a castanha e os ovos. Misture bem e, por último, junte a manteiga derretida (sem estar quente).
4. Asse em forno preaquecido (180°C) por 40 minutos ou até que um palitinho de madeira, quando espetado no bolo, saia limpo.
5. Espalhe a cobertura por cima do bolo frio.
6. Decore e sirva.

1
2
3
4

Tortinha de banana com cacau e avelã

1 h + demolho das avelãs (4 UNIDADES)

Massa

4 colheres (sopa) de farinha de avelãs
4 colheres (sopa) de aveia em flocos ou aveia germinada
4 colheres (sopa) de purê de tâmara
½ colher (sopa) de óleo de coco
2 colheres (sopa) de coco ralado
raspas de 1 limão
água

Recheio

6 a 8 bananas-ouro ou 2 nanicas
⅓ de xícara de avelãs hidratadas na água por 6 horas
uma pitada de canela
suco de 1 limão

Calda

2 colheres (sopa) de óleo de coco
2 colheres (sopa) de mel
1 colher (sopa) de cacau em pó
avelãs torradas para decorar

1 Misture todos os ingredientes da massa até ficar consistente. Molde a massa com a ponta dos dedos fazendo uma forminha (1).

2 Bata todos os ingredientes do recheio no liquidificador e recheie a tortinha (2).

3 Misture os ingredientes da calda, coloque por cima do recheio (3, 4) e leve para gelar até que a cobertura endureça. Sirva imediatamente.

Tortinha de manga
(p. 159)

Tortinha de manga

1h30 (8 UNIDADES)

Massa

100 g de óleo de coco
100 g de farinha de trigo
50 g de farinha de trigo integral
50 g de farinha de caju
75 g de açúcar demerara
1 colher (sopa) de cacau em pó
1 colher (chá) de canela em pó
1 gema

1 Aqueça o forno a 180°C.
2 Misture os sete primeiros ingredientes formando uma farofa e incorpore a gema por último. Cubra com filme de PVC e deixe descansar na geladeira por 30 minutos.
3 Abra a massa com a ajuda de um rolo e forre uma fôrma de fundo removível ou várias forminhas individuais. Fure a massa com um garfo.
4 Asse por 20 minutos ou até ficar crocante.

Passe chocolate derretido sobre a massa antes de pôr o recheio. Se não for consumir tudo no dia, isso evita que a massa amoleça.

Recheio*

1 fava de baunilha
100 g de ricota sem sal
50 ml de iogurte
1 xícara de coco fresco ralado
mel a gosto
suco e raspas de 1 limão-cravo ou rosa

1 Corte a fava de baunilha no sentido do comprimento e raspe todas as sementinhas dentro de um recipente.
2 Coloque os outros ingredientes e amasse até ficar bem cremoso.

Cobertura

2 mangas maduras
½ xícara de coco fresco ralado e tostado no forno
lavanda para decorar

Montagem

1 Disponha o recheio sobre a massa assada.
2 Fatie as mangas bem fininhas e coloque-as em forma de flor sobre o recheio.
3 Finalize com o coco e a lavanda.

Torta de maracujá com chocolate e gengibre

2 h (10 PEDAÇOS)

Massa

100 g de manteiga sem sal
100 g de farinha de trigo integral
100 g de farinha de trigo
30 g de aveia em flocos
50 g de açúcar mascavo
uma pitada de sal
1 ovo

1. Faça uma farofa com as mãos utilizando todos os ingredientes menos o ovo.
2. Quando a farofa estiver fina e homogênea, acrescente o ovo e forme uma bola. Envolva em filme PVC e deixe gelar por 30 minutos.

Recheio

300 g de ricota sem sal
1 cm de gengibre ralado
polpa de 1 maracujá maduro
2 ovos
3 colheres (sopa) de açúcar demerara
2 colheres (sopa) de creme de leite fresco

Misture a ricota, o gengibre, o maracujá, os ovos, o açúcar e, com um mixer, bata até ficar bem homogêneo. Adicione o creme de leite e misture bem. Reserve.

Cobertura

200 g de chocolate meio amargo
300 ml de creme de leite fresco
1 colher (sopa) de açúcar demerara
1 colher (chá) de sumo de gengibre
(é só ralar e espremer)
cacau em pó

Pique o chocolate e derreta-o em banho-maria. Bata o creme de leite com o açúcar e o sumo de gengibre até virar chantilly. Misture os dois cremes delicadamente.

Montagem

1. Abra a massa da torta e forre uma fôrma de fundo removível. Fure a base com um garfo e asse por 8 minutos em forno quente.
2. Coloque o recheio de maracujá e asse por mais 30 minutos a 180°C ou até o centro ficar firme. Deixe esfriar.
3. Cubra a torta já fria com a cobertura de chocolate e decore com as costas de uma colher. Polvilhe cacau em pó.
4. Gele por no mínimo 2 horas e sirva.

Cheesecake de maracujá e amora

1-2 h (8 PEDAÇOS)

Massa

240 g de biscoito de aveia integral doce
3 colheres (sopa) de farelo de aveia
2 colheres (sopa) de aveia
120 g de ghee (p. 20) ou óleo de coco

Triture o biscoito no liquidificador e coloque em um recipiente. Adicione os demais ingredientes e, pressionando com as mãos, forre uma fôrma de fundo removível. Leve ao congelador.

Recheio

400 g de queijo cremoso tipo cream cheese
100 g de açúcar demerara
raspas de 1 limão
2 ovos
2 gemas
1 maracujá

1. Coloque o queijo com o açúcar e as raspas de limão em uma batedeira e bata por 2 minutos na menor velocidade.
2. Adicione os ovos e as gemas um a um até incorporar.
3. Junte a polpa do maracujá. Bata mais um pouco até ficar homogêneo.

Cobertura

100 g de geleia de amora
amoras frescas para decorar

Montagem

1. Coloque o recheio na massa e asse no forno a 170°C por 30 minutos ou até o centro ficar firme.
2. Esfrie e leve para gelar.
3. Desenforme e cubra com geleia de amora e amoras frescas. *Fica melhor sevido no dia seguinte.*

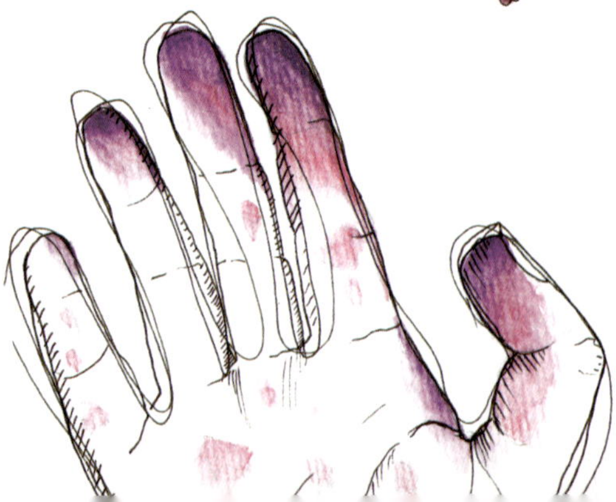

Cheesecake de Maracujá e Amora
Amora
Recheio de queijo + maracujá
Massa delícia

Para meditar

Clorofila é um grupo de pigmentos verdes presentes nas plantas. Essa cor é obtida pela luz do sol, quando as folhas absorvem o azul e o vermelho e refletem o verde, canalizando a energia solar para a planta por meio da fotossíntese.

Foi Richard Willstatter, um químico alemão, quem descobriu que as moléculas da clorofila eram semelhantes às da hemoglobina (a responsável por conduzir o oxigênio pelo sangue). A hemoglobina é composta por um átomo de carbono, um de hidrogênio, um de oxigênio e um de nitrogênio, ligados a um átomo de ferro. A clorofila possui a mesma composição, só que o átomo central é o magnésio. Da mesma forma que as algas marinhas apresentam traços minerais do mar, a clorofila apresenta traços minerais da terra. Ela purifica e oxigena as células sanguíneas que alimentam todo o corpo humano. Além disso, estimula a formação de glóbulos vermelhos e nutre as células, prevenindo assim a anemia e outras doenças de um sangue em desequilíbrio.

A clorofila está presente em todas as plantas do reino vegetal. Mas a doutora Ann Wigmore descobriu, há cerca de quarenta anos, que o brotinho do trigo (e do centeio também) contém minerais que atuam como um detergente no corpo, purificando o sangue, desintoxicando a pele e fazendo uma verdadeira faxina por todo o organismo. Existem máquinas extratoras do sumo da grama, que concentra, em uma pequena quantidade, grande quantia de minerais, clorofila e enzimas. Não é necessário, porém, adquirir essas máquinas para trazer saúde à sua vida. Adicionando folhas verdes ao suco feito no tradicional liquidificador e coando em um pano de voal, já é possível adquirir doses diárias e benéficas de clorofila.

A terra em que a grama é cultivada é muito importante, pois é dela que a planta vai retirar todos os minerais. Portanto, preze pela origem e pela qualidade da terra que você usa – ela deve estar livre de adubo químico ou qualquer tipo de fertilizante em sua composição. Se você mora em área urbana e a terra do seu quintal não é boa, procure comprar húmus de minhoca e faça sua própria terra com lixo orgânico em composteiras domésticas.

Aqui sugiro algumas receitas de sucesso de sucos que venho fazendo. A ideia é que você faça seu suco de acordo com os alimentos que você tem em casa. Dê preferência aos verdes plantados em seu quintal, às gramas e aos brotos que você germina e também aos verdes cultivados pelos produtores locais ou da feira mais próxima. Sempre que possível, opte pelo ingrediente orgânico, já que você estará concentrando um alimento que vai direto para o sangue.

cebolinha →
alho-
-poró →
louro
sinal de vida

Sobre crus e cozidos

Vou contar por que me interessei pelos alimentos crus e como pude sentir na pele uma mudança de consciência em relação à alimentação. Em 2001 estive em Bali durante uma viagem com amigos e acabei contraindo uma bactéria que havia na água. Meu corpo reagiu com sintomas de intoxicação e minha imunidade baixou. Depois de alguns dias, apareceram em minha pele pruridos que coçavam muito. Na época eu morava na Austrália. Procurei homeopatas e alopatas, mas cada médico me dizia uma coisa e receitava outra, e nada adiantava. Confusa, não entendia por que minha pele estava daquele jeito. Eu era muito nova e a coceira me incomodava demais.

Alguns meses depois, voltei ao Brasil e, como última opção, fui levada a um profissional de saúde que indicou uma dieta crua e sauna por três semanas. Minha pele passou por uma desintoxicação, curando-se totalmente.

Depois desse episódio fiquei impressionada com o poder dos crus e passei a fazer essa dieta sem cozimento durante curtos períodos. Meu organismo despertava cada vez mais.

Três anos depois, eu descobri os germinados, que são bem divertidos de fazer – mais tarde, recebi um diploma de "germinadora oficial" do projeto Terrapia, no Rio de Janeiro.

Pela vida, cruzei com pessoas e famílias que seguem a alimentação viva, tive a oportunidade de experimentar esse estilo de vida e hoje me sinto bem com crus e cozidos, pois estou saudável e mais consciente.

Segundo o fisiologista húngaro Edmond Szekely, que traduziu *O evangelho dos essênios*, a dieta diária deve ser composta de 25% de alimentos biogênicos, 50% de alimentos bioativos e 25% de alimentos bioestáticos.Os biocídicos devem ser evitados. Veja abaixo os alimentos que compõem cada grupo:

Biogênicos (geram vida)
grãos e sementes germinados e brotos

Bioativos (sustentam a vida)
frutas, verduras e legumes orgânicos

Bioestáticos (mantêm a vida)
alimentos que não são mais crus e frescos, como os cozidos, secos, congelados e curados

Biocídicos (destroem a vida)
alimentos processados, com radiações, álcool, conservantes e aromatizantes químicos

Outros elementos biogênicos são a meditação, um estilo de vida simples e o respeito ao planeta em todos os sentidos.

Germinação caseira

Os germinados são as sementes que foram despertadas pela água e estão cheias de vida. Quando mergulhada na água, a sementinha que estava adormecida acorda e, com a ajuda de suas enzimas, passa a gerar vida. Então começa a crescer e, assim que brota uma pontinha para fora da casca, é possível consumi-la. Se continuarmos a cuidar dessa semente, em alguns dias ela se torna um broto e, mais tarde, uma planta, sua manifestação total.

O processo de germinação é muito simples e pode ser feito na água ou no ar. Também é possível brotar sementes na terra. A escolha do processo deve ser feita de acordo com o tipo de semente. É importante que elas sejam saudáveis.

Experimente ir adicionando germinados e brotos à alimentação aos poucos. Eles podem ser utilizados nos mais variados pratos, mas principalmente em saladas, sobre as folhas, em marinadas, como na Salada essencial (p. 71), sucos, biscoitos e tudo aquilo que puder criar.

Como germinar na água

Tempo de germinação: 24 h (dias quentes); 48 h (dias frios)
Material: vidro
Sementes: amêndoa, aveia (sem casca), avelã, castanha-do-pará, cevada, girassol (sem casca), lentilha rosa, nozes

1. Lave bem as sementes, coloque-as no vidro e cubra com água.
2. Troque a água duas vezes ao dia e deixe germinar pelo tempo indicado de acordo com clima.

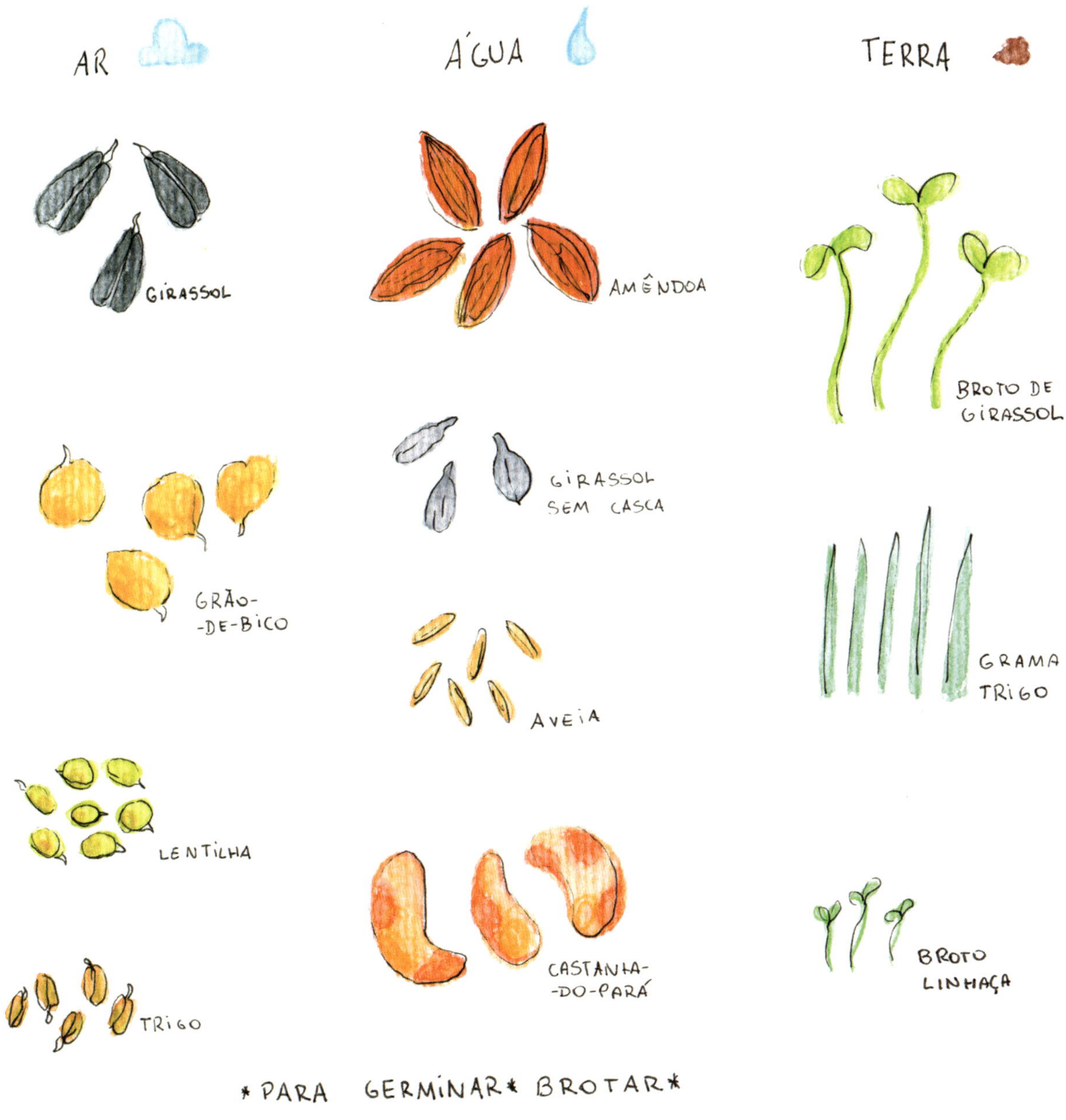

PARA GERMINAR BROTAR*

Como germinar no ar

TEMPO MÉDIO DE GERMINAÇÃO: 24-48 h

Material: vidro, tule e elástico

Sementes: amaranto, amendoim, centeio, feijão azuki, gergelim, girassol (com casca), grão-de-bico, lentilha, linhaça, moyashi, painço, quinua, trigo

1 Lave bem as sementes e deixe de molho por oito horas.

2 Escorra a água, enxágue, coloque o tule e deixe o vidro inclinado com a boca para baixo. Lave as sementes no mínimo duas vezes ao dia.

3 Quando a semente mostrar uma pontinha para fora, está pronta para o consumo.

Observação: A linhaça deve ser germinada em uma peneira por conta da mucilagem (aquela "gosminha" que se forma em volta dela).

Como brotar na terra

TEMPO MÉDIO DE GERMINAÇÃO: 5-7 dias

Material: vidro, vaso, terra de qualidade

Sementes*: brócolis, girassol, lentilha, linhaça, painço

*Escolha sempre as sementes com a casca, do contrário elas não germinam por completo, restando apenas hidratá-las.

1 Germine as sementes.

2 Espalhe as sementes germinadas em uma bandeja com terra e furos embaixo.

3 Cubra as sementes com um pouquinho de terra e regue diariamente.

4 Os brotos estarão prontos para o consumo quando surgirem duas folhinhas juntas.

Observação: A linhaça deve ser colocada direto na terra (sem germinar), uma separada da outra.

PEGAR UM PUNHADO DE SEMENTES
COBRIR COM ÁGUA
LAVAR
DEIXAR DE MOLHO 8 HORAS (1 NOITE)
DESPEJAR A ÁGUA PELA MANHÃ
LAVAR BEM
ESCORRER
LAVAR 2 A 3 X AO DIA
COMER ASSIM QUE GERMINAR

Grama

Tempo médio de germinação: 5-7 dias

Material: vidro, tule, elástico, vaso com furos, terra sem aditivos ou húmus

Sementes*: trigo, centeio

* Use sempre grãos orgânicos.

Sugestão: Consuma na forma de suco. Você pode comer também, mas ela é tão fibrosa que você vai ter de descartar a fibra.

1 Germine as sementes na terra (p. 176).
2 Coloque 3 cm de terra no vaso.
3 Ponha os grãos por cima e salpique uma fina camada de terra.
4 Regue uma vez ao dia, até que as plantinhas comecem a aparecer.
5 Mantenha o vaso em local iluminado. Após três dias a grama começará a ficar verde. Quanto mais luz, mais verde ela ficará.
6 Quando ela estiver com 15 cm, corte na base e use. Depois de cortada, ela cresce novamente e pode ser usada mais vezes.

Brotos de alfafa

TEMPO MÉDIO DE GERMINAÇÃO: 5-7 dias
Material: vidro, tule, elástico
Semente: 1 colher (sopa) de semente de alfafa

A semente de alfafa é bem pequenina e de fácil cultivo doméstico. Quem gosta de cuidar de plantinhas vai adorar cultivá-la, pois ela cresce rápido e rende muito.

Originária do Norte da África, hoje é cultivada em diversas partes do mundo por conta de seu alto valor comercial e culinário.

É uma excelente fonte de vitaminas do complexo B e também A, C, E e K, cálcio, ferro, magnésio e potássio.

1 Lave bem as sementes e deixe-as de molho por uma noite em água potável.
2 Pela manhã, cubra o vidro com um pedacinho de tule, prenda com um elástico e despeje toda a água.
3 Lave novamente e coloque o vidro para escorrer de cabeça para baixo. Enxágue as sementes no mínimo duas vezes ao dia: elas adoram água.
4 Repita o processo durante quatro dias, até que o broto esteja um pouco grande.
5 Nessa etapa, deixe a alfafa tomar luz indireta para desenvolver clorofila e ficar bem verdinha. Mais um ou dois dias e ela estará boa para consumo.
6 Consuma os brotos de alfafa crus em saladas, sanduíches, sushis e sucos.

Suco verde básico

10 min (2 copos)

1 maçã
½ copo de liquidificador de folhas verdes e brotos
½ copo de sementes germinadas
1 biosocador (pode ser cenoura, pepino, abobrinha, yacon ou algum legume ou raiz que tenha formato e sabor parecido)
um punhado de ervas/aromáticos para dar sabor (hortelã, capim-santo, gengibre, erva-doce, erva-cidreira, folhas de árvores cítricas, cardamomo)
legumes, se desejar

Pique a maçã, sem as sementes, e coloque no liquidificador com os demais ingredientes. Com o auxílio do biosocador triture tudo muito bem. Coe com um tecido de voal, extraindo todo o líquido, e descarte a fibra. Sirva imediatamente.

Suco verde energético

⏱ 10 min (1 copo)

¾ de copo de suco de uva branca
1 punhado de folhas de salsão
1 talo de salsão
2 folhas longas de capim-santo
½ colher (chá) de maca (raiz andina) ou ginseng
1 pepino

Coloque tudo no liquidificador e utilize o pepino para pilar os ingredientes, até que tudo flua. Coe e sirva imediatamente.

Suco verde especial

⏱ 10 min (1 copo)

5 cm de babosa
1 maçã picada
1 talo de salsão com as folhas
3 folhas de alface
um punhado de hortelã
3 cm de gengibre
1 pepino

Corte a lateral da folha da babosa e retire um dos lados da pele da folha com uma faca. Raspe toda a polpa da babosa, com a ajuda da faca, dentro do liquidificador. Acrescente os demais ingredientes, menos o pepino. Ligue o liquidificador e, com a ajuda do pepino, vá socando tudo em direção à hélice (muita atenção nessa etapa), até que flua bem. Processe por alguns segundos e coe.

Suco verde gostosinho

10 min (1 copo)

1 maçã
1 punhado de agrião
1 punhado de hortelã fresca
2 folhas longas de capim-santo
3 colheres (sopa) de sementes de girassol germinadas
1 cenoura
1 pepino

Bata tudo no liquidificador e utilize o pepino para pilar os ingredientes até que tudo flua. Coe e sirva imediatamente.

Suco verde tropical

10 min (2 copos)

½ abacaxi maduro
2 cm de gengibre fresco
½ xícara de hortelã
2 punhados de grama de trigo

Bata todos os ingredientes no liquidificador, coe e sirva imediatamente.

Índice remissivo

AGRADECIMENTOS
VALÉRIA PRATA
CAROL GODEFROID
ROMULO FIALDINI
PIERRE FROELICHER
CARLOS TARABORELLI
HELENA RIZZO
CARLA VOLMER
MATTHEW VOLMER
RAQUEL TARABORELLI

Impresso em fevereiro de 2012 pela Corprint
sobre papel couché fosco 115 g/m².